Sebastian Vesper

DAS INTERNET ALS MEDIUM

Auftrittsanalysen und neue Nutzungsoptionen

Bardowick 1998
Wissenschaftler-Verlag

CIP-Kurztitelaufnahme der Deutschen Bibliothek

Vesper, Sebastian:
Das Internet als Medium : Auftrittsanalysen und neue
Nutzungsoptionen / Sebastian Vesper. - Bardowick : Wissenschaftler-
Verl., 1998
   (IfAM-Arbeitsberichte ; Bd. 16)
   ISBN 3-89153-031-5

NE: Institut für Angewandte Medienforschung Lüneburg: IfAM-Arbeitsberichte

© Wissenschaftler-Verlag Werner Faulstich, Bardowick
Titelblattgestaltung: Soheil Dastyari

Inhalt

I. Einleitung: Interessengeleitete Kommunikation und das Internet 7
   1. Kommunikation, Interesse, Interessengeleitete Kommunikation 9
   2. Das Internet alsOnline-Netzwerk 10

II. Medium-spezifische Nutzungsoptionen des Internet 20
   1. "Option" als medium-immanente Zwischenkategorie 20
   2. Medienformenintegration 28
   3. Netz 35
   4. Interaktivität 50
   5. Globalität 59
   6. Kriterien für die Analyse von Internet-Auftritten 61

III. Medium-spezifische Nutzungsoptionen im Internet-Auftritt 64
von Greenpeace Deutschland
   1. Kriterien 64
   2. Optionen 85

IV. Vertiefender Exkurs: Nutzungsoptionen in ausgewählten 88
Internet-Auftritten
   1. Gegenseitige Blockade der Elemente: 88
Der Internet-Auftritt der Bundesregierung
   2. "Fotoalbum-Erzählweise": "Charlies WWW-Seite" 93
   3. "Broschüren-Erzählweise": 96
Der Internet-Auftritt der Deutschen Shell AG
   4. "Museums-Erzählweise": 100
Der Internet-Auftritt der KZ-Gedenkstätte Flossenbürg
   5. Reaktionsfähigkeit des Mediums auf den User: 105
Der "virtuelle Autosalon" von Mercedes-Benz
   6. Konsequenter Einsatz der Elemente: 110
Der "virtuelle Ortsverein" der SPD
   7. Fazit 113

V. Bilanz und Ausblick 115

Literatur 127

Verzeichnis der Abbildungen 136

Anhang 138

I. EINLEITUNG:
INTERESSENGELEITETE KOMMUNIKATION UND DAS INTERNET

Spätestens seit dem Beginn seiner Kommerzialisierung wird dem "Internet" - einem bereits seit mehreren Jahrzehnten aufgebauten weltweiten Zusammenschluß von Computernetzwerken - eine verstärkte Aufmerksamkeit von verschiedenen Seiten zuteil, mit der sich unterschiedliche Hoffnungen verbinden:
- sei es die Erschließung neuer Märkte (z.B. durch Unternehmen der Medien-, der Telekommunikations- oder der Computerindustrie oder durch spezialisierte Dienstleister der PR- oder Werbebranche),
- sei es die Abwicklung von Transaktionen (z.B. von Banken, Reisebüros oder Versandhäusern),
- sei es der - schon vor der Kommerzialisierung betriebene - Austausch von Informationen und Computerdateien über Kontinente hinweg (z.B. Diskussionsgruppen, Entwickler technischer Projekte oder Wissenschaftler aller möglichen Disziplinen);
- oder sei es die aus idealistischer Perspektive geäußerte Hoffnung auf weltweite Transparenz, Partizipation, Demokratisierung usf.

Eine dieser Dimensionen ist das "Präsent-Sein" im Angebot des Internet aus den unterschiedlichsten Interessen: Einzelpersonen, Vereine, Parteien, Unternehmen, Behörden, Universitäten etc. haben in den vergangenen Jahren eigene Präsenzen im Internet aufgebaut.

Die vorliegende Studie befaßt sich mit solchen Präsenzen in ihrer Gestalt als "Internet-Auftritte". Ziel der Arbeit ist es herauszufinden, wie das Internet zu einem Medium wird, indem es Anbietern und Nutzern von Internet-Auftritten ermöglicht, bestimmte Interessen im Rahmen von Kommunikation, die sich über das Internet vollzieht, zu befriedigen. Hierbei ist

1. auf der Ebene der Internet-Auftritte zu klären, welche Elemente eingesetzt werden können und mittels welcher Kriterien sich diese Elemente beschreiben lassen, sowie

2. auf der Ebene von "Kommunikation", was bestimmte Konfigurationen von Elementen in Internet-Auftritten für deren Anbieter und Nutzer vor dem Hintergrund von "Interesse" bieten können.

Ein Vorbild für eine medientheoretische Analyse von Internet-Auftritten gibt es nicht. Dies liegt einmal an der Komplexität des Mediums, die es erschwert, die verschiedenen Erscheinungsformen, Anwendungen etc. zu systematisieren; sodann an der Dynamik, mit der sich das Internet nicht nur quantitativ, sondern vor allem auch qualitativ entwickelt; und schließlich auch an der unzulänglichen medientheoretischen Auseinandersetzung mit dem Internet: Ähnlich wie in den Gründerjahren des Hörfunks sind es vor allem die "Macher", die sich mit dem Medium auseinandersetzen. So wird, nicht selten im Wege utopischer Visionen, primär danach gefragt, wofür man das Internet wie einsetzen kann - ohne danach zu fragen, was das Internet als Medium überhaupt kann.

Demgegenüber wird das Internet in dieser Arbeit in den allgemeineren Bezugsrahmen "interessengeleiteter Kommunikation" gestellt. Dieser Ansatz (erster Schwerpunkt dieses Kapitels) macht deutlich, daß das, was das Medium für die Kommunikationspartner zu "leisten" imstande ist, weder über "Kommunikation" noch über "Interesse" hinreichend zu klären ist, sondern nur über das Medium selbst. Ein Überblick zur Entwicklung des Internet, verbunden mit der Herausarbeitung internet-spezifischer Eigenschaften, wird zu elf Kriterien führen, die es in Internet-Auftritten zu untersuchen gilt (zweiter Schwerpunkt dieses Kapitels). Diese Kriterien werden sodann in Kapitel II unter der übergeordneten Fragestellung, was das Medium im Rahmen interessengeleiteter Kommunikation für Anbieter und Nutzer von Auftritten "bieten" kann, mit Subkriterien und möglichen Ausprägungen versehen. Der so entstehende Kriterienkatalog wird anschließend (Kapitel III) an einen konkreten Internet-Auftritt angelegt und es wird gezeigt, wie dieser Auftritt (es ist der deutschsprachige Internet-Auftritt der Organisation Greenpeace) medium-spezifische Möglichkeiten dafür bereitstellt, daß Anbieter und Nutzer im medium-vermittelten Kommunikationsvorgang ihre jeweiligen Interessen verfolgen können. Ein vertiefender Exkurs (Kapitel IV) schließt sich an, der, basierend auf der selben Methode, diese Möglichkeiten für sechs weitere Internet-Auftritte von Anbietern unterschiedlicher Herkunft eruiert. Abschließend werden die Ergebnisse der Analysen unter der Fragestellung bilanziert, was das Medium überhaupt bieten kann und was die hier untersuchten Auftritte davon einlösen. Damit lassen sich Grundzüge einer Medientheorie skizzieren, die geeignet sind, das Internet mit seinen spezifischen Eigenschaften als ein spezifisches, eigenständiges Medium zu integrieren.

Ausgangspunkt einer solchen Medientheorie ist die Vorstellung, daß Kommunikation in Gesellschaft, so sie sich über Medien vollzieht, von diesen entscheidend geprägt wird. Um diese Leistungen eines Mediums aufzeigen zu können, ist der theoretisch vielschichtige Kommunikationsbegriff zunächst, orientiert am Erkenntnisinteresse dieser Arbeit, zu präzisieren. Hierzu wird im folgenden Unterkapitel der Begriff "interessengeleitete Kommunikation" eingeführt.

1. Kommunikation, Interesse, interessengeleitete Kommunikation

Der Begriff "Kommunikation" wird im Rahmen unterschiedlicher Disziplinen in verschiedenen Bedeutungsspektren verwendet.[1] Dies hat zu der Einschätzung geführt, keine Disziplin könne das Phänomen in seiner gesamten Komplexität erfassen.[2] Kritiker sehen dies nicht einmal in der Kommunikationswissenschaft selbst verwirklicht.[3] In der vorliegenden Studie soll der Begriff "Kommunikation" deshalb in seiner allgemeinsten Bedeutung gebraucht werden: "Kommunikation" bezeichnet den Austausch von Informationen zwischen Menschen (um kein bestimmtes Modell zu favorisieren, wird in dieser Arbeit bewußt nicht vom Kommunikations-"Prozeß" gesprochen). Dieser Vorgang ist durch Auswahl auf beiden Seiten steuerbar; diese Selektion erfolgt (bewußt oder unbewußt) auf der Grundlage bestimmter Voraussetzungen, welche die Kommunikationspartner in den Kommunikationsvorgang mitbringen. Neben Voraussetzungen wie Wahrnehmungsmodalitäten oder Sinnesorgane sind es Faktoren wie Neigung, Nutzen, Vorteil, Absichten, Ziele etc., aufgrund derer Kommunikationspartner ihre Auswahl steuern. Die Intentionalität solcher Faktoren soll hier unter dem Dach des Begriffs "Interesse" gebündelt werden.[4]

"Interessengeleitete Kommunikation" bedeutet also, daß die Kommunikationspartner gestützt auf ihre (wie auch immer gearteten) Interessen im Kommunikationsvorgang handeln. Im hier betrachteten Fall vollzieht sich Kommunikation über das Internet, das zwischen "Anbieter" und "Nutzer" von Internet-Auftritten anzusiedeln ist. Sobald etwas zwischen die Kommunikationspartner tritt, ist danach zu fragen, ob diese Instanz über die reine Vermittlung von Information hinaus im Kommunikationsvorgang etwas weiteres leistet. Genau dies ist, im Hinblick auf das Internet, Gegenstand der vorliegenden Studie.

---

[1] Burkart/ Hömberg (1992, S. 4, Anm. 2) nennen u.a. die Soziologie, die Psychologie, die Pädagogik und die Sprachwissenschaft/ Linguistik. Siehe als Überblick für die Soziologie Reimann 1989, Scherr 1995; für die Psychologie Nestmann 1987, Baumgärtel 1992; für die Pädagogik Lenzen 1989; für die Linguistik Lewandrowski 1990. Vgl. meta-theoretisch aus kommunikationswissenschaftlicher Sicht Merten 1977; Krüger 1990; Burkart/ Hömberg 1992; Krippendorff 1994; Schulz 1995.

[2] Vgl. Burkart/ Hömberg 1992, S. 1.

[3] Vgl. Krüger 1990, S. 830.

[4] Vgl. Schäfers 1995, S. 143. - Ähnlich wie der Kommunikationsbegriff gilt "Interesse" - als Sammelbegriff für die Intentionalität verschiedener sozialer, psychischer oder ideeller Beziehungen - theorie- und sozialgeschichtlich als bislang nicht befriedigend aufgearbeitet. Vgl. für die Soziologie Neuendorff 1984, Schäfers 1995, S. 143 f.; für die Politikwissenschaft Massing 1985; für die Philosophie Eßer 1973, Schürmann 1990.

"Kommunikation" und "Interesse" werden deshalb in ihrer oben dargelegten abstrakten Bedeutung verwendet, während das Internet als Medium innerhalb des Vorgangs interessengeleiteter Kommunikation auf der Grundlage medientheoretischer Überlegungen ausgeleuchtet wird. Seine Stellung "zwischen" den Kommunikationspartnern allein macht das Internet jedoch noch nicht zum "Medium"; wichtig ist, was es den Komnmunikationspartnern aufgrund seiner Eigenschaften ermöglicht, d.h. wie es Interaktion - als wechselseitiges, aufeinander bezogenes Handeln[5] - in Gesellschaft zu steuern in der Lage ist. Deshalb erscheint es erforderlich, danach zu fragen, was das Internet für Anbieter und Nutzer im Rahmen interessengeleiteter Kommunikation bieten kann: Welche Potentiale offeriert das Internet "an sich", die Anbieter und Nutzer gemäß ihren Interessen in Anspruch nehmen können? Diese Potentiale werden in Kapitel II als internet-spezifische "Nutzungsoptionen" eingeführt und diskutiert. Voraussetzung hierfür ist eine genaue Abgrenzung des Untersuchungsgegenstandes: das Internet als Online-Netzwerk und die hier betrachtete Erscheinungsform "Internet-Auftritt".

2. Das Internet als Online-Netzwerk

Der Begriff "Internet" steht für eine Verknüpfung lokaler, nationaler und internationaler Computernetzwerke, die auf einem gemeinsamen Standard beruht, welcher die technische Verständigung zwischen den verschiedenen Computersystemen ermöglicht.[6] So können Daten, die über einen der angeschlossenen Computer verfügbar sind, von den anderen aus abgerufen werden. Diese technische Konfiguration läßt sich mit dem Begriff "Online-Netzwerk" fassen. Die Bezeichnung "online" hat sich in der ökonomisch-pragmatischen sowie in der rechtlichen Diskussion durchgesetzt als Wortteil, der auf die (permanente oder temporäre) Verbindung von EDV-Einheiten verweist, welche sich über Telekommunikationsleitungen realisiert. Der Begriff "Netzwerk" impliziert, daß potentiell jede Einheit mit jeder anderen in Kontakt treten kann. Insofern ist das Internet dem Telefon- oder dem Postnetz ähnlich: Beim Telefon bilden die Anschlüsse die Einheiten, im Postverkehr sind es die Adressen, beim Internet sind es die übermittlungsprotokoll-technisch miteinander in Verbindung stehenden Computer, zwischen denen Daten ausgetauscht werden.
    Die Informatik definiert Computer als "Funktionseinheit zur automatischen Verarbeitung von Zeichen unter Anwendung von logischen, mathematischen, zei-

---

[5] Vgl. Busch 1984; Krappmann1989; Peuckert 1995.
[6] Vgl. Heise 1996, S. 56.

chensetzenden, speichernden und übertragenden Operationen"[7]. Die zentralen Komponenten von Computern sind (1.) ein Prozessor, der Rechenoperationen durchführen kann, (2.) Programme als geordnete Folgen von Anweisungen, nach denen operiert werden soll, (3.) Speicherplatz und (4.) ein Betriebssystem, das diese Komponenten steuert, Befehle übersetzt, Daten auf dem Bildschirm visualisiert usw.[8] Technikgeschichtlich gilt die von Charles Babbage um 1820 entworfene "Difference Engine" als Vorläufer heutiger Computer. Die mit einem digitalen Verfahren operierende Maschine diente der algorithmischen Berechnung mathematischer Funktionen, um die bis dahin verwendeten gedruckten Tabellen zu substituieren. Diese Anforderung resultierte nicht zuletzt aus der im späten 15. Jahrhundert zunehmenden Mathematisierung von Technik, Ökonomie und Kriegswesen. Babbages zweiter Automat, die "Analytical Engine", dessen Entwicklung auf Vorarbeiten des Deutschen Johann Heftrich Müller zurückgeführt wird, konnte sein Rechenprogramm in einem "Storage" abspeichern und in einer "Mill" verarbeiten.[9] Im Jahr 1939 baute Konrad Zuse den elektro-mechanischen Rechner "Z2". Der erste vollautomatische Rechner mit Ablaufsteuerung war der 1944 von Howard Aiken vorgestellte "Mark 1". Es folgten verschiedene Typen auf der Basis von Elektronenröhren (1946 bis 1956), Transistoren (1957 bis 1963), integrierten Schaltkreisen (1964 bis 1981) sowie Mikroprozessoren, Magnetbandspeichern und optischen Speicherplatten (1982 bis 1989). Seit Anfang der neunziger Jahre ist eine zunehmende Integration des Computers mit anderen Medien zu beobachten.[10]

Medientheoretisch wurde der Computer zunächst den "Neuen Medien" zugerechnet, wird jedoch angesichts seiner technischen Weiterentwicklung und seiner gesellschaftlichen Bedeutung zunehmend eigenständig behandelt. Eine Einzelmedientheorie, eine "Theorie des Computers", liegt bislang nicht vor. Faulstich benennt - sehr global - drei Merkmale des Computers als Medium: Schnelligkeit bei

---

[7] Resch/ Volpert 1994, S. 93; vgl. auch die dort zit. Literatur
[8] Vgl. Faulstich 1994a, S. 146.
[9] Vgl. Coy 1994, S. 20 f. - Verfolgt man die technischen Erfindungen - bezogen auf den Prozeß des Rechnens - noch weiter zurück (vgl. Faulstich 1994a, S. 148 ff.), so läßt sich der Beginn des Vorgeschichte des Computers bereits auf die Zeit um 1700 v. Chr. datieren, als in Ägypten die ersten Rechenmaschinen in Gebrauch waren. Des weiteren sind die Entwicklung des Dualsystems durch G.W. Leibniz, der auch eine Rechenmaschine baute, im Jahr 1679 sowie die Serienherstellung mechanischer Rechenmaschinen durch C.X. Thomas (ab 1820 in Frankreich) zu nennen.
[10] Vgl. Coy 1994, S. 23; Faulstich 1994a, S. 149 f.

der Durchführung von Rechenoperationen, große Speicherfähigkeit auf engstem Raum sowie eine praktisch universelle Anwendbarkeit.[11]

Die Entwicklung zu dem, was man heute "Internet" nennt, kann auf der Ebene der technischen Schaffung bzw. Inanspruchnahme der Netzinfrastruktur durch historisch verschiedene Akteure nachvollzogen werden: erstens die Phase der militärischen Nutzung seit den späten 60er Jahren, zweitens die Phase der akademischen Nutzung in den 70er und 80er Jahren, drittens die Phase der kommerziellen Nutzung seit Ende der 80er Jahre.[12]

In einer ersten Phase wurden 1969 im Rahmen eines Projektes der Advanced Research Projects Agency (ARPA) des US-Verteidigungsministeriums mit dem Namen "ARPANET" militärische Computer miteinander verbunden. Um den Informationsaustausch zwischen der Rüstungsforschung und dem Militär auch im Falle der Beschädigung von Teilkomponenten, etwa durch einen atomaren Angriff oder Sabotage, zu gewährleisten, war dieses Netzwerk von Beginn an dezentral konzipiert: Für den Fall, daß eine Einheit ausfällt, können die Daten einen anderen Weg nehmen, die übrigen angeschlossenen Einheiten also weiterhin untereinander Daten austauschen. Entsprechend müssen Daten nur auf einem Computer abgelegt sein, um prinzipiell auf allen anderen verfügbar zu sein. Die wichtigsten technischen Entwicklungen in dieser ersten Phase waren das Prinzip der Paketvermittlung und das einheitliche Protokoll TCP/IP (Transmission Control Protocol/ Internet Protocol).[13] Die systematische Vernetzung von Computern vollzog sich seit den 60er Jahren auch auf betrieblicher bzw. institutioneller Ebene: Dort wurden Einzelcomputer mit Kupferkoaxialkabeln zu sogenannten "Local Area Networks" (LAN) verbunden. Durch deren Vernetzung wiederum entstanden institutionenweite Netzwerke ("Wide Area Network", WAN), die sich

---

[11] Faulstich 1994a, S. 146 f.

[12] Die Phaseneinteilung differiert, je nachdem welche technischen oder politisch-wirtschaftlichen Ereignisse zugrundegelegt werden. So unterscheidet beispielsweise Summa (1996) lediglich zwei Phasen: das Internet der ersten Generation (Nutzung durch Militär und Universitäten) und das Internet der zweiten Generation (Kommerzialisierung) (Vgl. a.a.O., S. 71 f.).

[13] Vgl. Jaspersen/ Lange 1996, S. 33 f.; Oenicke 1996, S. 28; Huly/ Raake 1995, S. 96; Summa 1996, S. 71. - Bei der Paketvermittlung werden die zu übertragenden Daten in "Pakete" aufgeteilt, die getrennt voneinander übermittelt werden. Jedes Datenpaket enthält im Kopf Informationen wie die Adresse des Absenders und des Empfängers. Der dezentralen Struktur folgend, nehmen die Datenpakete unter Umständen verschiedene Wege. Das Übertragungsprotokoll koordiniert die ankommenden Daten beim Empfänger und fügt sie wieder zusammen (vgl. ausführlich Hosenfeld 1996).

auch auf andere Länder bzw. Kontinente ausdehnten.[14] Viele von ihnen sind mittlerweile Teil des Netzwerkzusammenschlusses "Internet".

In einer zweiten Phase in den 70er und 80er Jahren wurden Universitäten und Forschungsstellen an das Netz angeschlossen. Rückgrad des Internet in den USA waren sogenannte "backbones": schnelle Verbindungen mit hohen Übertragungskapazitäten, die sich im Besitz der National Science Foundation befanden und mit staatlicher Hilfe unterhalten wurden.[15] Das Netz diente wissenschaftsintern und länderübergreifend dem Austausch und der Diskussion von Forschungsergebnissen. Das System war zunächst rein textbasiert[16]; mithin war der Gebrauch Experten vorbehalten, die mit dem Befehlssystem vertraut waren. Innerhalb des Internet finden sich noch heute ähnliche, wenn auch technisch stark vereinfachte, rein textbasierte Anwendungen, z.B. in den sogenannten "Newsgroups".[17]

Die dritte Phase, die Phase der Kommerzialisierung des Internet, wurde eingeleitet durch die massenhafte Verbreitung des Personal Computer auch in Privathaushalten, die Entwicklung des Internet-Dienstes "World Wide Web" (WWW) und den kostenlosen Vertrieb grafischer Benutzeroberflächen ("Browser"); einhergehend mit dem Engagement ökonomisch motivierter Unternehmen der Computer-, Medien- und Telekommunikationsbranche. Parallel dazu vollzieht sich ein Wandel auf drei Ebenen. Erstens in der Betreiberstruktur: An die Stelle akademischer, mit öffentlichen Mitteln geförderter Institutionen treten kommerziell orientierte Unternehmen.[18] Zweitens wandelt sich die Art der Inhalte: Der wissenschaftliche und technikbezogene Informationstransfer zwischen Experten wird zunehmend ergänzt um kommerziell orientierte Angebote wie werbefinanzierte Online-Publikationen, Reservierungs- und Buchungsmöglichkeiten oder Internet-Auftritte verschiedener Anbieter. Drittens wandelt sich die Gruppe der Nutzer: An die Stelle einer kleinen Gruppe technikbegeisterter "Freaks" treten breitere Nutzerschichten.[19]

---

[14] Vgl. Jaspersen/ Lange 1996, S. 33.

[15] Vgl. Sterne 1995, S. 14; Summa 1996, S. 72.

[16] Benkwitz 1996, S. 23.

[17] Newsgroups (siehe ausführlich Rohner 1997, S. 35 ff.) sind nicht Gegenstand dieser Arbeit.

[18] Summa (1996) datiert den Beginn dieses Prozesses für die Bundesrepublik Deutschland auf die Gründung der EUnet Deutschland GmbH im Juli 1993. In den USA endete die Zeit des öffentlich finanzierten Internet am 31. April 1995, als die National Science Foundation ihren "backbone" auf private Telefongesellschaften übertrug (vgl. a.a.O., S. 72).

[19] Zur Demographie des Internet vgl. exemplarisch Grüne/ Urlings 1996; Stern-Anzeigenabteilung 1996; Zimmer 1996 sowie die dort zit. Literatur; Werner/ Stephan 1997, S. 59 ff. sowie die dort zit. Literatur.

Im Wege eines Schichtenmodells[20] kann man grob differenzieren zwischen "Carriern", "Providern" und "Content Providern": "Carrier" sind diejenigen Institutionen, welche die Übertragungswege bereitstellen, im Normalfall nationale Telekommunikationsgesellschaften. "Provider" ermöglichen den Zugang zum Internet und leiten die Daten weiter. Es gibt kommerzielle und nicht-kommerzielle Provider. Die wichtigsten Provider sind mittlerweile die kommerziellen "Online-Dienste", die ihren Abonnenten einen sogenannten "Gateway" ins Internet offerieren. Als "Content Provider" fungiert jeder, der abrufbare Inhalte bereitstellt.

Technisch gesehen funktioniert der Austausch von Daten im Netzwerkzusammenschluß auf der Grundlage eines komplizierten Gefüges verschiedener Komponenten. Hierbei kann unterschieden werden zwischen dem Netzwerk an sich (im Sinne von Infrastruktur und Datenvermittlung) und netzbasierten Diensten. Das Netzwerk selbst kann in drei Schichten eingeteilt werden[21]: erstens "Netzwerkschicht" als infrastrukturelle Basis, zweitens die "Internetschicht" als Protokoll-Ebene sowie drittens die "Transportschicht" als Schicht weiterer Übermittlungsstandards (z.B. TCP), die wiederum auf die zweite Schicht zurückgreifen. Als TCP/IP-basierte Dienste (quasi die vierte: die "Anwendungs-Schicht"[22]) gelten z.B. mail-basierte Dienste zur elektronischen Kommunikation in Foren und Newsgroups, das "File Transfer Protocol" (FTP), mittels dessen Dateien von anderen Computern geladen werden können, Terminalprogramme wie "Telnet" und "Finger", welche die Steuerung anderer Computer über das Netzwerk ermöglichen und in vielen Betriebssystemen bereits integriert sind, sowie das textbasierte Auskunftssystem "Gopher" zur Unterstützung der Informationssuche durch den Benutzer.[23] In diese Aufzählung ist auch der Internet-Dienst "World Wide Web" (WWW) einzuordnen. Das WWW wurde 1989 am Schweizer Kernforschungszentrum CERN entwickelt. Es ermöglicht[24]

---

[20] Diese Einteilung (vgl. z.B. Summa 1996, S. 74) hat sich allgemein durchgesetzt. Die Systematik reflektiert die historische Herausbildung proprietärer Dienstleister im Zuge der Kommerzialisierung des Internet. Jaspersen/ Lange (1996) unterscheiden zusätzlich nach Übertragungstechnologien (siehe ausführlich a.a.O., S. 37 ff.).

[21] Vgl. Hosenfeld 1996, S. 380.

[22] Ebd.

[23] Vgl. Schoop/ Glowalla 1996, S. 52 f.; Emery 1996, S. 257 f., 189 ff., 272 f. u. 288 f.

[24] Vgl. im folgenden Heise 1996, S. 58; Benkwitz 1996, S. 23.

- erstens die Darstellung von Grafiken, Farbe, Layout, Typografie usw. auf WWW-"Seiten" mittels der Seitenbeschreibungssprache Hypertext Markup Language (HTML);

- zweitens die Verbindung beliebiger Seiten bzw. Stellen von Seiten über sogenannte "Hyperlinks"; Basistechnologie ist das Hypertext Transfer Protocol (http);

- drittens die Integration der oben genannten Dienste in einer grafischen Oberfläche mittels eines "Browsers", also eines Anwenderprogramms, das HTML-Dokumente auf dem Computerbildschirm des Nutzers visualisiert und dessen Befehle übersetzt (der bekannteste Browser ist das Programm "Netscape").

Basierend auf diesen Unterscheidungen lassen sich mindestens sieben technische Komponenten bestimmen, welche das Internet konstituieren: (1.) der Computer als Einheit von Prozessor, Betriebssystem und Speicher in seiner Funktion als Einspeisungs-, Speicherungs- und Abrufungsinstanz; (2.) der "Server" als Programm, das einen Internet-Dienst anbietet und auf einem der angeschlossenen Computer läuft[25]; (3.) das Übertragungsprotokoll TCP/IP, das den Datenaustausch zwischen den verbundenen Computern koordiniert; (4.) die protokoll-basierten Dienste wie E-Mail, Terminalprogramme usw. sowie das World Wide Web als integrierender Dienst; (5.) die Netz-Infrastruktur; (6.) der Provider, der den Zugang ermöglicht; sowie (7.) der Browser, die Benutzeroberfläche in Form eines lokal installierten Anwenderprogramms.

Die Vielzahl der Komponenten und die Heterogenität des Angebots im sogenannten "Internet", verbunden mit einer dynamischen technischen Entwicklung, erschweren es, "das Internet" als Medium zu untersuchen und dessen Eigenschaften zu benennen und zu systematisieren. Die vorliegende Studie fokussiert deshalb auf eine bestimmte Angebotsform: Internet-Auftritte. Unter einem "Internet-Auftritt" wird hier die Gruppierung einer endlichen Zahl HTML-programmierter "Seiten" verstanden, die sich einem konkreten "Anbieter" zuordnen läßt und über eine "Adresse", genannt "Uniform Resource Locator" (URL)[26], an-

---

[25] Vgl. Wallbrecht/ Clasen 1997, S. 435. - Der Begriff "Server" wird ebenfalls zur Bezeichnung der Einheit aus Server-Software, Hardware, Internet-Anbindung und der bereitgestellten Datenmenge gebraucht (vgl. ebd.). "Gegenstück" zum Server ist der sogenannte "Client": ein Programm, das die Nutzung eines Internet-Dienstes erlaubt (vgl. a.a.O., S. 428).

[26] Vgl. Wallbrecht/ Clasen 1997, S. 437.

steuerbar ist. Weil Internet-Auftritte veränderbar sind, beziehen sich die hier getroffenen Aussagen auf historische Analysezeitpunkte. Dieser in der Natur des Mediums begründete Umstand berührt jedoch nicht die Gültigkeit der Aussagen in bezug auf das Zusammenwirken verschiedener, mittels der weiter unten entwickelten internet-spezifischen Kriterien beschreibbarer Elemente zum jeweiligen Analysezeitpunkt.

Andere Anwendungen wie z.B. Newsgroups, Multi User Dungeons, Gopher und FTP werden nicht in diese Analyse einbezogen: weder auf der Ebene der zu entwickelnden Analysekriterien noch auf der Ebene der Nutzungsoptionen, die das Internet bietet. Insofern beziehen sich die in den folgenden Kapiteln diskutierten "medium"-spezifischen Eigenschaften und Nutzungsoptionen des Internet auf einen eindeutig qualifizierbaren Teil desselben, nämlich "Internet-Auftritte". Auf dieser Ebene werden ferner solche Auftritte ausgegrenzt, deren Anbieter Medieninstitutionen sind - "Online-Versionen" von Printobjekten, Fernseh- oder Hörfunksendern etc. -, denn der Status solcher Anbieter als "Veranstalter" anderer Medien etabliert mehrere zusätzliche Problemdimensionen: z.B. Kompetenz des Anbieters, seine medienwirtschaftlichen ("verlegerischen") Interessen oder die Frage, wie ein Internet-Auftritt eines "klassischen" Mediums medientheoretisch einzuordnen ist. Vielmehr focussiert diese Arbeit auf Internet-Auftritte, die sich Anbietern zuordnen lassen, die nicht selbst Medien repräsentieren: Einzelpersonen, Interessenverbände, wirtschaftliche Unternehmen, Parteien, politische Organe, Kulturinstitutionen usf.

Auf der vortheoretischen Ebene lassen sich verschiedene Kategorien identifizieren, die es in Auftritten dieser Art zu untersuchen gilt. Diese Kategorien sind bislang jedoch nur unzureichend definiert und systematisiert worden. Problematisch ist hier vor allem (1.) der häufig fehlende bzw. unreflektierte Medienbegriff sowie die unklare Verwendung von Schlagworten wie "Interaktivität" oder "Multimedia"; (2.) die Tatsache, daß die relevanten Ansätze kaum aufeinander Bezug nehmen; (3.) die starke Funktionalisierung von Aussagen auf ökonomische (Marketing-, PR- oder Werbe-) Ziele oder auf eine generelle Medienkritik; sowie (4.) in vielen Fällen das Fehlen eines kommunikations- oder medientheoretischen

Bezugsrahmens.[27] Vor allem die ökonomisch-pragmatische Diskussion über das Internet offeriert eine Reihe von Kategorien, mittels derer sich Internet-Auftritte

---

[27] Die medientheoretische Aufarbeitung des Internet steht derzeit an ihrem Anfang. So hat z.B. Oenicke (1996, S. 61 ff.) auf der vortheoretischen Ebene versucht, "ein Modell zu entwickeln, das die Charakteristika der Online-Kommunikation in sich vereinigt" (a.a.O., S. 61). Das vielzitierte Modell der "interaktiven digitalen Datenkommunikation", das Oenicke postuliert, sagt jedoch nichts über das Medium an sich aus, sondern lediglich über dessen Stellenwert im "globalen Kontext" sowie über die Tatsache, daß als Sender und Empfänger jeweils Individuen, eine Gruppe oder eine Masse auftreten können. Ulrich (1997) versucht aus ökonomisch-pragmatischer Perspektive eine Inhaltsanalyse von 25 Internet-Auftritten deutscher Großunternehmen, wobei er annähernd 100 Einzelkategorien, orientiert an unternehmerischen Funktionen, in acht Gruppen zusammenfaßt: "Public Relations", "Werbung", "Vertrieb/ Verkauf", "Stellenmarkt/ Personalentwicklung", "Dialog/ Response", "Service", "Unterhaltung" und "Sonstiges". Die Beschreibung von Medieninhalten anhand solcher Merkmale hilft an dieser Stelle jedoch nicht weiter, weil der Zweck, den ein bestimmter Einsatz von Elementen in Internet-Auftritten erfüllt (z.B. "Public Relations"), durch die Merkmale selbst bereits vorweggenommen wird und weil dieser Kriterienkatalog ausschließlich auf Unternehmen anwendbar ist und somit für die hier angestellte Untersuchung zu kurz greift. Morris und Ogan (1996) verweisen meta-theoretisch auf die Schwierigkeit, das Internet mit Hilfe etablierter Theorien der Massenkommunikationsforschung als Medium zu konzeptualisieren. Die Autoren bezeichnen das Internet (WWW-Seiten, Usenet-Groups und E-Mail) als "multifaceted mass medium", das "many different configurations of communication" beinhalte (a.a.O., S. 42). Mögliche Ansätze zur (massenkommunikationstheoretischen) Erforschung dieses Mediums sehen Morris und Ogan im "Critical mass"-Konzept, in Ansätzen zu "Interactivity", im Uses and Gratifications Approach, in "Social presence and media richness theory" sowie in "Network Approaches" (vgl. a.a.O., S. 45 ff. sowie die dort zit. Literatur; Höflich (1994) versucht eine solche Übertragung des Uses and Gratifications Approach auf - allerdings rein textliche - computer-vermittelte Kommunikation). Sandbothe (1997) schließlich konstatiert - medienphilosophisch - auf der Grundlage seiner Unterscheidung zwischen Medien "im weiten Sinn" (Anschauungsformen von Raum und Zeit), Medien "im engen Sinn" (z.B. Bild, Sprache, Schrift) und Medien "im engsten Sinn" (z.B. Radio, Fernsehen oder eben das Internet) als Folge der Eigenschaften des Internet einen "Transformationsprozeß", den er auf drei Ebenen entwickelt: (1.) Durch "Interaktivität" wandelten sich für die Nutzer Identität, Zeit und Raum; (2.) "Hypertextualität" bringe die "semiotischen Grenzziehungen" zwischen der klassischen Trias Bild/ Sprache/ Schrift in Bewegung; und (3.) "Transversalität" fungiert bei Sandbothe als philosophisches Konzept, auf dessen Grundlage die "interaktiven Hypertextstrukturen des World Wide Web als mediale Realisierungsform eines zeitgemäßen Vernunftstyps" (a.a.O., S. 58) gelten können.

beschreiben lassen.[28] Diese - in der Literatur zumeist nicht explizit genannten, sondern aus pragmatischen "Anforderungskatalogen" zu rekonstruierenden - Kategorien werden im folgenden als Untersuchungskriterien für Internet-Auftritte eingeführt und hierarchisiert. Sie werden dann in Kapitel II, orientiert an internetspezifischen Nutzungsoptionen, mit Subkriterien und möglichen Ausprägungen versehen.

Zunächst erscheint es sinnvoll, klassische Darstellungsformen als Beschreibungspotential für Internet-Auftritte beizubehalten, um in den konkreten Analysen aufzeigen zu können, was im Internet mit diesen Darstellungsformen geschieht. Hier soll unterschieden werden zwischen den Elementen "Text", "Bild/ Grafik", "Ton", "Animation" und "Farbe", die mit je einem gleichlautenden Analysekriterium erfaßt werden können. Diese Elemente werden im folgenden als "statische Elemente" bezeichnet: Texte, Bilder, Grafiken, Töne etc. sind als Untersuchungskriterien auch im Hinblick auf andere Medien sinnvoll. In einer zweiten Gruppe werden solche Elemente zusammengefaßt, die es speziell im Internet zu untersuchen gilt und die hier als "dynamische Elemente" bezeichnet werden: erstens die Frage, wie im Internet auf eine für das Medium spezifische Weise Inhalte verfügbar gemacht oder der Informationsaustausch zwischen Anbieter und Nutzer ermöglicht wird, was hier mit dem Kriterium "Service" erfaßt werden soll; zweitens die Frage, wie die Ordnung der Informationseinheiten durch technisch angelegte Querverweise durchbrochen wird (Kriterium "Links"); drittens die Frage, wie es dem Nutzer ermöglicht wird, sich innerhalb des Internet-Auftritts zu bewegen (Kriterium "Navigation"); und viertens die Frage, inwiefern das Medium vorsieht, daß der Nutzer auf das Angebot - in welcher Form auch immer - Einfluß nehmen kann (Kriterium "Interaktivität").

Um erfassen zu können, wie statische Elemente in Internet-Auftritten zueinander in Beziehung gesetzt werden, wird das übergeordnete Kriterium "Organisation der Elemente" eingeführt und auf einzelne WWW-"Seiten" bezogen. Des weiteren wird auf dieser Ebene gefragt, in welchem Verhältnis die Seiten als Informationseinheiten von Internet-Auftritten zueinander stehen. Das Kriterium lautet "Organisation der Seiten". Zusammenfassend ergibt sich daraus der folgende Kriterienkatalog:

---

[28] Vgl. im folgenden Bachem 1996, S. 278; Felsenberg 1996, S. 57 ff.; Hünerberg 1996, S. 111 ff.; Lübbeke/ Grubb 1996, S. 419 f.; Oenicke 1996, S. 115 ff.; Emery 1997, S. 301; Fuzinski/ Meyer 1997, S. 277 ff.; Lieder 1997; Rohner 1997, S. 148; Zerfaß/ Fietkau 1997, S. 77 ff.

Übersicht: Kriterien zur Analyse von Internet-Auftritten

- statische Elemente
  - Text
  - Bild/ Grafik
  - Ton
  - Animation
  - Farbe
 	
- dynamische Elemente
  - Service
  - Links
  - Navigation
  - Interaktivität
 	
- Organisation
  - Organisation der Elemente
  - Organisation der Seiten

Um nun herauszufinden, wie das Internet durch die Konfiguration der genannten Elemente, die sich mit den entsprechenden Kriterien erfassen und für jeden Internet-Auftritt spezifizieren lassen, medium-spezifische Nutzungsmöglichkeiten für Anbieter und Nutzer schafft, werden die Analysekriterien im folgenden Kapitel mit Subkriterien und möglichen (idealtypischen) Ausprägungen versehen. Dies geschieht unter der übergeordneten Fragestellung: Was kann das Medium für Anbieter und Nutzer im Rahmen interessengeleiteter Kommunikation bieten?

II. MEDIUM-SPEZIFISCHE NUTZUNGSOPTIONEN DES INTERNET

In diesem Kapitel soll geklärt werden, welche konkreten Nutzungsoptionen das Internet als Medium für Anbieter und Nutzer bereithält. Was hier als "Option" bezeichnet wird, soll Antwort geben auf die Frage: Was kann das Medium aufgrund seiner Eigenschaften im Rahmen interessengeleiteter Kommunikation bieten, was andere Medien nicht bieten können? Um den hier vorausgesetzten Stellenwert dieser im Medium angelegten Potentiale zu kennzeichnen, wird zunächst der Begriff "Option" eingeführt. Auf der Suche nach spezifischen Optionen des Internet werden typische Paradigmen systematisiert, die in der Diskussion über dieses Medium (bzw. über die sogenannten "Neuen Medien" allgemein) häufig als Spezifika genannt werden. Diese werden kritisch diskutiert unter der Fragestellung, inwiefern bzw. in welchen Konstellationen sie spezifisch für das Internet sind (Punkt 1).

Auf dieser Grundlage werden vier spezifische Nutzungsoptionen des Internet unterschieden und diskutiert (Punkz 2 bis 5). Hierbei werden jeweils Leitkriterien benannt, die im Zusammenhang mit der jeweiligen Nutzungsoption entwickelt werden. Dies führt zu einem Katalog von Kriterien (Punkt 6), der in den beiden folgenden Kapiteln III und IV für die Analyse von Internet-Auftritten herangezogen wird.

1. "Option" als medium-immanente Zwischenkategorie

Um aufzuzeigen, warum und wie interessengeleitete Kommunikation über das Medium Internet funktioniert, ist danach zu fragen, was das Medium im Rahmen von Kommunikation im Unterschied zu anderen Medien leisten kann: Welche Möglichkeiten bietet dieses Medium dem Anbieter? Und womit wird man als Nutzer "bedient"? Diese spezifischen Potentiale des Mediums Internet werden im folgenden als "Nutzungsoptionen" bzw. "Optionen" bezeichnet. Sie sind im Medium angelegt und realisieren sich in konkreten Medienprodukten (Internet-Auftritten); und sie steuern damit den Prozeß interessengeleiteter Kommunikation, der sich über das Medium zwischen Anbieter und Nutzer vollzieht. "Option" wird hier eindeutig dem Medium selbst zugeordnet, jedoch auf den Kommunikationsvorgang und mithin auf die Kommunikationspartner bezogen: Das Medium bietet "Optionen" an, die für Anbieter und Nutzer von Internet-Auftritten unterschiedliche Relevanz haben können.

"Option" wird hier also als eine am Kommunikationsvorgang verortete, medium-immanente Zwischenkategorie konzeptualisiert: zwischen den Eigenschaften des Mediums und dem, was das Medium im Wege von Kommunikation außerhalb des eigentlichen Kommunikationsvorgangs für ein übergeordnetes System wie "Gesellschaft" leistet. Bei Verwendung einer solchen Methode kann auf jede Art von rezeptions- (im Sinne von Wirkungs-) orientierter Betrachtung verzichtet werden, weil "Option" als medium-immanente Kategorie angelegt wird. Im hier gewählten medium-orientierten Ansatz fällt dem Anbieter sowie dem Nutzer weder die Rolle einer Person oder eines psychischen Systems noch die Rolle einer gesellschaftlichen Instanz zu, sondern die einer vorausgesetzten Instanz innerhalb eines Kommunikationsvorgangs, der über das Medium abläuft und der durch dieses und dessen Optionen gesteuert wird.

Obwohl "Option" als medium-immanente Kategorie von Bedürfnissen, Interessen, Wünschen oder psychologischen Motiven auf seiten der Anbieter und Nutzer zu unterscheiden ist, wird davon ausgegangen, daß die im folgenden entwickelten Optionen im Einzelfall für Anbieter oder Nutzer unterschiedliche Relevanz haben können: Ein Nutzer wird sich beispielsweise auf einen Kommunikationsvorgang über das Internet einlassen, weil dieses bestimmte Optionen für ihn offeriert, die sich von den Optionen, die das Internet für den Anbieter erfüllen kann, unterscheiden. Hieraus folgt zweierlei:

(1) Das Optionen-Konzept überwindet das Optimierungsparadigma in bezug auf Internet-Auftritte: Ein Internet-Auftritt ist dem hier zugrundeliegenden Verständnis zufolge niemals "optimal", weil Optimierung ein bestimmtes Ziel als Maßstab voraussetzt; vielmehr offeriert ein Internet-Auftritt verschiedene Optionen in unterschiedlicher Intensität. Inwiefern diese Optionen für einen Anbieter oder einen Nutzer "optimal" sind, wird hier nicht untersucht. Stattdessen werden Optionen herangezogen, um zu erklären, was das Medium in Kommunikationsvorgängen leisten kann. Deshalb werden die Analysekriterien für optionen-generierende Elemente von Internet-Auftritten in dieser Arbeit aus medientheoretischen Überlegungen heraus entwickelt und nicht etwa vor dem Hintergrund von Optimierungsbestrebungen, die sich in zahlreichen Empfehlungen aus der "Macher-Perspektive"[1] niederschlagen.

(2) Optionen können auf der Ebene einzelner Internet-Auftritte in vielfältigen Beziehungen zueinander stehen: Sie können unabhängig voneinander koexistieren, einander verstärken, miteinander konkurrieren oder einander aufheben.

---

[1] Siehe hierzu kritisch Dreyer 1996, S. 184 ff.; Emery 1996, S. 246 ff. u. 300 ff.; Fuzinski/ Meyer 1997, S. 277 ff.; Kabel 1997; Lieder 1997; Mocker/ Mocker 1997, S. 168 f. u. 176 f.; Rohner 1997, S. 179 ff.

Bei Berücksichtigung des Konzepts "interessengeleiteter Kommunikation" relativieren sich diese Beziehungen, indem es vielmehr um Potentiale geht, die ein Internet-Auftritt als Medienprodukt offeriert. Zwar ist es wichtig, die Beziehungen und Interdependenzen von Optionen in den konkreten Analysen von Internet-Auftritten zu benennen, dennoch sind die in dieser Arbeit ermittelten Analyseergebnisse vor dem Hintergrund zu interpretieren, daß es vorrangig die einzelnen Optionen selbst sind, welche die hier betrachteten Internet-Auftritte und damit das Medium selbst in die Lage versetzen, verschiedene Leistungen in Gesellschaft zu erbringen.

Ungeachtet ihrer Relevanz für die Kommunikationspartner im Hinblick auf das Zustandekommen und den Ablauf von Kommunikation bleibt "Option" der hier getroffenen Annahme zufolge eine dem Medium selbst innewohnende Möglichkeit. Die oben getroffene Definition von "Option" basiert auf der Annahme, daß das Medium Internet in der Lage ist, Inhalte anders darzustellen als andere Medien dies tun und deshalb neue Nutzungsmöglichkeiten zu bieten, welche dann in Gesellschaft Leistungen erbringen können. Um in diesem Sinne als Option gelten zu können, muß eine im Medium angelegte Möglichkeit für das Medium spezifisch sein: Voraussetzung ist, daß die Möglichkeit, verglichen mit Möglichkeiten im Umgang mit anderen Medien, etwas qualitativ Neues darstellt, sich also von den "Optionen" anderer Medien unterscheidet. Dahinter steht die These, daß etwas dann zu einem Medium wird, wenn sich durch seine Nutzung (im Rahmen von Kommunikation) qualitativ neue Möglichkeiten ergeben.

Um spezifische Nutzungsoptionen des Internet aufzuzeigen, wird hier auf Aspekte zurückgegriffen, die in der Diskussion über dieses Medium wiederholt als "Besonderheiten" des Internet genannt werden und dort als mehr oder weniger stabile "Paradigmen" Einzug gehalten haben.[2] In der Auseinandersetzung mit dem Internet als Medium sind sieben "Paradigmen" erkennbar, die im folgenden schlagwortartig skizziert werden.

1. Das "Interaktivitäts"-Paradigma.
Ob schlicht als "Möglichkeit zum Dialog", zur direkten Antwort, zum reziproken Austausch von Mitteilungen bzw. zur "Zweiwegekommunikation" zwischen User und Anbieter apostrophiert oder als Möglichkeit des Users, mit anderen in Kommunikation zu treten oder selbst Einfluß auf Inhalt oder Ablauf des Medienproduktes zu nehmen - "Interaktivität" kann als zentrales

---

[2] Zu begrifflichen und methodischen Defiziten der einschlägigen Literatur vgl. die Ausführungen im vorangegangenen Kapitel.

Paradigma im Hinblick auf das Internet gelten. Dabei werden, je nach Gewichtung, verschiedene Folgen antizipiert: eine stärkere Individualisierung des Mediengebrauchs, die Aufhebung der Rollen "Sender" und "Empfänger" ("Rollensymmetrie"), die Auflösung der traditionellen Kommunikationstypen Massen-, Gruppen- und Individualkommunikation oder die Bildung "virtueller Gemeinschaften" und mithin einer "neuen Form von Öffentlichkeit".[3]

2. Das "Freiheits"- oder "Netz"-Paradigma.

Die durch die Netzstruktur des Mediums induzierte Vorstellung, daß jeder User zu jeder Zeit auf jeden gewünschten Inhalt zugreifen könne, hat dieses Paradigma hervorgebracht, das auch mit dem Schlagwort "aktive Selektion durch den User" beschrieben werden kann: Der User trifft diesem Paradigma zufolge die Themenauswahl selbst, kann die unterschiedlichsten Quellen miteinander verknüpfen und kann selbstbestimmt eigene Wege durch das vorhandene Informationsangebot "beschreiten". Maßgeblich sind hierbei Überlegungen zum "Hypertext"-Konzept. Die Bewertungen gehen in unterschiedliche Richtungen: Zum einen werden Phänomene wie eine "Copy- and Paste-Kultur" ("Ausschneiden und Einfügen") diagnostiziert sowie der Umstand, die in den Internet-Auftritten dargebotenen Inhalte könnten von Natur aus nie "vollständig" oder abgeschlossen sein; zum anderen gibt es kritische Diagnosen über den Untergang konstitutiver Elemente der abendländischen Kultur sowie, in der Tradition von Bertolt Brecht und Hans Magnus Enzensberger, Überlegungen zu einem partizipativ-emanzipatorischen Mediengebrauch.[4]

3. Das "Multimedialitäts"-Paradigma.

Angeregt von dem im World Wide Web angelegten Potential, Texte, Bilder, Animation und Ton miteinander zu verbinden, wurde der ursprünglich auf den Zusammenschluß verschiedener technischer Geräte bezogene Begriff "Multimedia" eingeschränkt auf die genannten Darstellungsformen und exi-

---

[3] Vgl. exemplarisch Müller 1996, S. 271; Oenicke 1996, S. 63 f.; Hünerberg 1996, S. 107; Rötzer 1995, S. 73 ff.; Rötzer 1991, S. 13; Lieder 1997, S. 17 f.; Zerfaß/ Fietkau 1997, S. 39 (siehe auch die dort zit. Lit.); Höflich 1994, S. 391 f.; Brückmann 1995, S. 178.

[4] Vgl. exemplarisch Gerken 1996; Rötzer 1995, S. 73 ff.; Müller 1996, S. 271; Booms 1996, S. 131; Lippert 1997, S. 45; Zerfaß/ Fietkau 1997, S. 39; Idensen 1993, S. 38; Höflich 1994, S. 390.

stiert heute fast nur noch in diesem Verständnis.[5] "Multimedia" ist der am meisten problematische Begriff, den es einzugrenzen und in seinem Verhältnis zu den zu benennenden Optionen des Internet zu spezifizieren gilt.

4. Das "Vielfalts"-Paradigma.
Die Stichworte lauten hier: inhaltliche Vielfalt, quasi unbegrenzte Speicherkapazität (der Server), Möglichkeiten der intelligenten Staffelung von Informationstiefen (im Internet-Auftritt) und "Information Overload".[6]

5. Das "Virtualitäts"-Paradigma.
"Virtuell" wird im Zusammenhang mit den Neuen Medien als "künstlich" im Sinne von "simuliert" verwendet. Es wird unterstellt, das Internet erzeuge "virtuelle Welten": Die Darbietung sei besonders "realistisch" und das Medienprodukt kaum mehr als solches identifizierbar. Die Bewertung schwankt zwischen faszinierter Admiration des technisch Möglichen (besonders in der Kunstszene) und pessimistischer Zurückweisung als "Manipulation" oder Gefahr für die Menschheit.[7]

6. Das "Globalitäts"-Paradigma.
Aufgrund seiner weltweiten Verbreitung wird unterstellt, das Internet sei prinzipiell für jedermann öffentlich zugänglich und die Zahl der potentiellen Sender und Empfänger sei praktisch unbegrenzt. Die Tatsache, daß es einen zentralen geographischen Referenzpunkt nicht gibt, wurde bisweilen weiterinterpretiert zu einem Szenario eines übergreifenden, zwar nicht zentralistischen, aber allgegenwärtigen und in diesem Sinne "autonomen" Mediums.[8]

---

[5] Vgl. exemplarisch Booms 1996, S. 132; Rötzer 1991, S. 13; Felsenberg 1996, S. 57.

[6] Vgl. exemplarisch Hünerberg 1996, S. 107; Booms 1996, S. 132; Müller 1996, S. 271.

[7] Vgl. exemplarisch Göbel/ Grunst 1996; Rötzer 1991, S. 13 u. 16 ff. - "Virtualität" wird in der Diskussion über das Internet häufig falsch mit dem Schlagwort "Virtuelle Realität" belegt. Virtuelle Realität meint jedoch die elektronische dreidimensionale Simulation von Umgebungen über Kopfhörer, Spezialbrillen und sensorische Peripheriegeräte wie Handschuhe oder Anzüge, welche die Interaktion mit dieser geschaffenen Umwelt suggeriert (vgl. Steuer 1995, S. 34). Die Ausdehnung der Begriffe "Virtuelle Realität" und "Cyberspace" auf das Internet, wie sie Sandbothe (1997, S. 61, Anm. 16) vornimmt, wird hier von uns nicht nachvollzogen, weil nicht ersichtlich ist, welchen begrifflichen Nutzen diese schlagwortartige Verwendung in sich birgt.

[8] Vgl. exemplarisch Müller-Michaelis 1996, S. 21 f.; Oenicke 1996, S. 63 f.; Höflich 1994, S. 391; Brückmann 1995, S. 178; Bolz 1994a.

7. Das "Zeitstruktur"-Paradigma.
Weil die Telekommunikationsverbindungen in immer kürzerer Zeit immer mehr Daten transportieren und die Rechner immer schneller operieren können, wird vielfach von "synchroner" Kommunikation gesprochen und die Loslösung von zeitlichen Restriktionen unterstellt. Im Hinblick auf Internet-Auftritte äußert sich dieses Paradigma im Postulat, die angebotenen Inhalte müßten stets "aktuell" sein.[9]

Es wird deutlich, daß die genannten Paradigmen nur bedingt für das Medium Internet spezifisch sind in dem Sinne, daß sie nicht auch auf andere Medien übertragen werden könnten. Es ist erforderlich zu spezifizieren, inwiefern das Internet "interaktiv", "multimedial", "vielfältig", "global" oder "virtuell" ist: worin sich die Nutzungsoptionen des Internet von denen anderer Medien unterscheiden. Als zwar auf das Medium zutreffend, jedoch nicht internet-spezifisch können die Paradigmen "Vielfalt", "Virtualität" und "Zeitstruktur" gelten. Zwar lassen sich die jeweiligen Nutzungsmöglichkeiten im Internet aufgrund seiner Technik bisweilen schneller, unkomplizierter oder besser realisieren, die Nutzungsmöglichkeiten sind jedoch nicht neu, erweitert oder in ihrer Qualität von denen, die über traditionelle Medien realisiert werden können, prinzipiell verschieden. Gleichwohl können verschiedene Aspekte, die unter diese Paradigmen fallen, in die spezifischen Nutzungsoptionen einfließen.

- Ad 4: Inhaltliche Vielfalt offeriert praktisch jedes Medium auf seine Art und im Rahmen seiner Grenzen: Ein mehrbändiges Lexikon (Medium Buch) kann eine Menge an Informationen bereitstellen; die Medien Zeitschrift, Hörfunk und Schallplatte bieten ein stark ausdifferenziertes inhaltliches Spektrum; das Medium Zeitung läßt eine Staffelung der Informationstiefen zu usf.

- Ad 5: "Virtuelle" Applikationen sind im Internet zwar prinzipiell möglich und werden zunehmend eingesetzt, sie sind jedoch nicht für dieses Medium spezifisch. Im Medium Computer beispielsweise lassen sich, vor allem auf der Ebene von CD-ROM-basierten Spielen, weitaus "virtuellere" Effekte erzielen.

- Ad 7: Eine spezifische Zeitstruktur schließlich ist für jedes Medium kennzeichnend; und die Zeitstruktur des Internet ist, wenn man als Kriterium den Informationsaustausch zwischen zwei oder mehr Beteiligten heranzieht, kei-

---

[9] Vgl. exemplarisch Hünerberg 1996, S. 107; Zerfaß/ Fietkau 1997, S. 39; Lieder 1997, S. 17 f.; Höflich 1994, S. 391.

neswegs einheitlich zu definieren: Es gibt sowohl zeitversetzten als auch synchronen Austausch von Informationen; ein vorbereitetes Fax ist unter Umständen schneller beim Empfänger als eine längere, neu zu schreibende E-Mail usf.

Auch die übrigen Paradigmen "Interaktivität", "Netz" (bzw. "Freiheit"), "Multimedialität" und "Globalität" lassen sich in ihrer allgemeinen Formulierung auf verschiedene andere Medien anwenden: Eine Zeitung oder Zeitschrift kann man ebenso gut von hinten beginnend oder nur in Teilen lesen ("Freiheit"); mit dem Telefon kann man zu jedem anderen Anschluß Verbindung aufnehmen ("Globalität"); ein Lexikon mit Querverweisen (Medium Buch) bietet dem Nutzer die "Freiheit", sich von einem Stichwort zum nächsten lotsen zu lassen - bei der CD-ROM ist diese Möglichkeit sogar technisch unterstützt und die Verbindungen realisieren sich oftmals schneller als beim Online-Medium Internet; in den Medien Film und Fernsehen werden verschiedene Darstellungsformen wie Texte, Töne und Bilder integriert (siehe die entsprechenden Implikationen beim "Multimedialitäts"-Paradigma) usf. Es kommt daher darauf an, die genannten Paradigmen internet-spezifisch zu Nutzungsoptionen im hier verstandenen Sinne zu präzisieren.

Umgekehrt heißt das aber auch: Wenn hier beispielsweise "Interaktivität" als spezifische Option des Internet entwickelt wird, bedeutet dies nicht, daß nicht auch andere Medien "interaktiv" im Sinne dieser Definition sind - sondern daß sich "Interaktivität" im Internet in einer spezifischen Weise konstituiert, die im Vergleich zu anderen Medien neu ist und, damit einhergehend, dem Nutzer im Rahmen des Kommunikationsvorgangs etwas qualitativ Neues ermöglicht.

Zum Spezialproblem wird hierbei das Phänomen "Multimedialität", weil sich der Begriff "Multimedia" in vortheoretischen Verständnissen in unterschiedlichen und/ oder komplexen Bedeutungsdimensionen darstellt, in denen Aspekte der anderen drei Phänomene aufgelöst sind. So ist der Besuch eines "virtuellen" Chatrooms, in dem die Nutzer in Form animierter (Phantasie-) Figuren zugegen sind und untereinander Botschaften austauschen können, einerseits mit allen vier Optionen in Verbindung zu bringen: "Interaktivität" im Sinne interpersonaler Kommunikation sowie im Sinne verschiedener Auswahlmöglichkeiten; "Netz" im Sinne des beliebigen Zugriffs auf thematisch oder räumlich entfernte Gegenstände; "Globalität" dahingehend, daß Gesprächspartner am anderen Ende des Globus zur Verfügung stehen; und "Multimedia" - bei eng gefaßtem Begriffsverständnis und bei Integration von "Virtualität" als nicht-mediumspezifischer Sekundär-Option - in dem Sinne, daß typographische Texte, Bilder und ggf. Töne übermittelt werden. Andererseits würde ein solches Chat-Forum dem konventionellen, weit gefaßten Verständnis von "Multimedia" zufolge schlicht pauschal als "multimedial" bezeichnet werden, was dann sämtliche Aspekte der anderen Optionen in diesem Zusammenhang umfaßte. "Multimedialität" zu einer übergeordneten Option zu erklären, welche die drei Unter-Optionen "Interaktivität", "Netz" und "Globalität" beinhielte, erscheint jedoch als nicht sinnvoll: Schließlich sind nicht alle Möglichkeiten, die durch diese drei Optionen erfaßt werden, "multimedial" - und umgekehrt ist nicht alles, was "multimedial" ist, durch diese drei Optionen zu erfassen. Deshalb soll "Multimedialität" als Option hier auf die "Integration verschiedener Elemente" eingegrenzt und mit dem Begriff "Medienformenintegration" versehen werden. Auf diese Weise ist es möglich, die im Allerweltsbegriff "Multimedia" angelegten Potentiale präziser bei allen vier Optionen zu verorten. Die unscharfe und multidimensionale Bedeutung dieses Zentralparadigmas der "Neuen Medien" wird damit aufgefächert, präzisiert und in Form unterscheidbarer (potentieller) Nutzungsoptionen angelegt, auf die konkrete Internet-Auftritte anhand spezifischer Kriterien überprüfbar sind.

Dabei kann es freilich vorkommen, daß ein und derselbe Aspekt aus der Perspektive verschiedener Optionen beschrieben werden kann - ähnlich wie beim oben genannten Beispiel des Chatrooms. So läßt sich zeigen, wie im Medium vorhandene Elemente zusammenwirken und im Kontext verschiedener Optionen greifen. Zudem erscheint die mehrfache Abdeckung von Aspekten als legitim, weil "Option" als eine (wenn auch medium-immanente) auf die Kommunikationspartner bezogene Kategorie angelegt ist: Für den einen mag interessengeleitete Kommunikation über das Medium zustande kommen und gelingen, weil ein Internet-Auftritt verschiedene Medienformen integriert; für den anderen, weil er "interaktiv" ist; einen dritten mag die Netzstruktur faszinieren usf.

Es gilt also "Medienformenintegration", "Interaktivität", "Netz" und "Globalität" als internet-spezifische Nutzungsoptionen zu definieren und für jede Option anhand empirischer Beobachtungen konkreter Internet-Auftritte einen spezifischen Zusammenhang der Elemente zu erarbeiten. Innerhalb dieser vier Kriterienzusammenhänge sind jeweils Leitkriterien zu eruieren, mit denen diejenigen Elemente erfaßt werden können, die eine Option in einem Internet-Auftritt konstituieren. Für jede Option wird das Bedeutungsspektrum definiert, das oder die Leitkriterien ermittelt und mit Subkriterien sowie deren möglichen Ausprägungen festgelegt. Daraus ergibt sich ein Kriterienkatalog, der sich an konkrete Internet-Auftritte anlegen läßt, um zu zeigen, wie Optionen "funktionieren".

Die Reihenfolge, in der die Optionen im folgenden diskutiert werden, richtet sich nach den Kriterien, die im Rahmen der jeweiligen Option als deren Leitkriterien entwickelt werden: Bei der Option "Medienformenintegration" (Punkt 2) geht es um sämtliche hier als "statisch" bezeichneten Elemente sowie um das Kriterium "Organisation der Elemente"; im "Netz"-Zusammenhang (Punkt 3) werden

den statischen Elementen weitere Subkriterien zugeordnet und außerdem die für "Netz" zentralen Kriterien "Organisation der Seiten", "Links" und "Navigation" behandelt"; für "Interaktivität" wird (Punkt 4) ein gleichlautendes Kriterium entwickelt; und bei "Globalität" (Punkt 5) geht es um das Kriterium "Service".

2. Medienformenintegration

Der Begriff "Multimedia" bezog sich ursprünglich auf das Zusammenspiel elektronischer Datenträger für Bild- und Toninformationen sowie deren Erstellung, Bearbeitung, Speicherung und Darstellung[10] - also auf den Zusammenschluß verschiedener Gerätekomponenten als "Abspiel"-Instanzen für "viele Medien" (z.b. CD, Video, Bildplatte) mit dem PC als integrierendem und steuerndem Gerät. Inzwischen wird "Multimedia" nicht mehr in diesem polytechnisch-additiven Verständnis gebraucht, sondern monotechnisch-integrativ: "Multimedia" meint die gleichzeitige Verwendung verschiedener Darstellungsformen in einem Medium: dem Medium Computer, und durch dessen Eigenschaften ergänzt um "Interaktivität".[11]

Monotechnisch-integrative Definitionen von "Multimedia" machen aber nicht deutlich, wo bei Konfigurationen dieser Art das Medium anzusiedeln ist. Im Hinblick auf die hier behandelte Fragestellung ist dies jedoch von zentraler Bedeutung: Es gilt das Medium zu identifizieren, das die verschiedenen Darstellungsformen integriert, um anhand der spezifischen Eigenschaften dieses Mediums nach dessen Leistungen im Sinne von "Optionen" fragen zu können. Das Medium im vorliegenden Zusammenhang ist das Internet, das bereits an anderer Stelle gegenüber dem Computer (als Teil dieses Mediums neben z.B. Modem, Netz-Infrastruktur, Übertragungsprotokoll und den protokoll-basierten Diensten etc.) abgegrenzt wurde. Folglich ist es nicht länger sinnvoll, hier von "Multimedia" oder

---

[10] Vgl. Huly/ Raake 1995, S. 20 sowie die dort zit. Literatur.

[11] Vgl. Schramka 1996, S. 121. - Zu diesem (begrifflich problematischen) Übergang von der polytechnisch-additiven zur monotechnisch-integrativen Sichtweise vgl. Faulstich 1994, wo "Multimedia" beides meint: den "gleichzeitigen Einsatz unterschiedlicher Medien und Präsentationsformen (...) und jeweils verschiedene Gerätekomponenten" (a.a.O., S. 259). In vortheoretischen Verständnissen wird "Multimedia" behandelt als "Oberbegriff für neuartige Produkte und Dienste mit den gemeinsamen Merkmalen der interaktiven Verwendung von Medienformen auf der Basis der digitalen Technik zur gleichzeitigen Übertragung von Daten, Sprache und Bewegtbild" (BMWi 1996, S. 15) bzw. als Begriff für "alle computergestützten, interaktiven Medien- und Kommunikationsprodukte, die mindestens drei Mediengattungen wie Text, Bild, Bewegtbild und Ton beinhalten" (Felsenberg 1996, S. 57).

"Multimedialität" zu sprechen, da es sich beim Internet nicht um viele Medien, sondern um ein Medium handelt (denn die integrierten Elemente wie z.B. Text oder Bild sind keine Medien). Statt dessen soll hier der Begriff "Medienformenintegration" eingeführt und folgendermaßen definiert werden: Medienformenintegration, als medium-spezifische Option des Internet, bedeutet, daß das Medium Darstellungsformen wie Text, Bild oder Ton, die ursprünglich im Kontext anderer Medien (z.B. Buch, Photographie, Schallplatte) geprägt wurden, in einer Oberfläche integriert und - das ist als Option entscheidend - modifiziert, so daß sich qualitativ neue Nutzungsmöglichkeiten für diese Darstellungsformen ergeben.[12]

Um genau diesen Prozeß nachvollziehen zu können, werden hier die "klassischen" Analysekriterien wie z.B. "Text", "Bild/ Grafik" oder "Ton" beibehalten, und es wird darauf geachtet, was mit den Elementen, welche die jeweiligen Kriterien beschreiben, geschieht. Als Leitkriterium für die Option "Medienformenintegration" fungiert die "Organisation der Elemente", welche sich auf die einzelnen Elemente "Text", "Bild/ Grafik", "Ton", "Animation" und "Farbe" bezieht. Diese statischen Elemente sind freilich in jedem der vier Optionenzusammenhänge von Bedeutung; im Hinblick auf die hier behandelte Option "Medienformenintegration" machen sie deren Substanz aus und werden daher in diesem Kontext entwickelt.

Für jedes statische Element - mit Ausnahme des rein formalen Kriteriums "Farbe" - soll auf der inhaltlichen Ebene gefragt werden:

(1.) Wie wird der Anbieter des Internet-Auftritts beschrieben?
(2.) Welche Interessen und Tätigkeiten sowie Produkte oder Dienstleistungen des Anbieters werden beschrieben und wie? Und
(3.) welche Themen außerhalb des Anbieters, seiner Interessen, Tätigkeiten etc. werden thematisiert?

In allen drei Fällen wird zwischen "allgemeiner" und "spezieller" Beschreibung differenziert. Des weiteren sind, als Folge der prinzipiellen Vernetzbarkeit von Informationseinheiten und Darstellungsformen im Internet, an die statischen

---

[12] Vgl. exemplarisch Sandbothe 1997, S. 68 ff. - In pragmatischen Ansätzen äußert sich diese Vermutung, die Kombination der Elemente innerhalb eines neuen Mediums sei mehr als die Summe ihrer Teile und berge potentiell qualitativ Neues, in dem häufig vorgebrachten Postulat, die Elemente als solche müßten nach Maßgabe des Mediums modifiziert werden; es reiche folglich nicht aus, beispielsweise eine Firmenbroschüre in Text und Bild in einen Internet-Auftritt zu übernehmen (vgl. stellvertretend für viele Kolb 1997, S. 27).

Elemente jeweils zwei internet-spezifische Subkriterien anzulegen, die hier als "Metakontextualität" und "Kontextualisierbarkeit" bezeichnet werden und im Kontext der Option "Netz" entwickelt werden. Als drittes Subkriterium, das ebenfalls im Kontext der "Netz"-Option eingeführt wird, ist die "formale Vernetzung" statischer Elemente zu nennen, die danach fragt, welche Elemente mit welchen über Verbindungen und Links innerhalb eines Internet-Auftritts verbunden werden.

Auf der formalen Ebene wird beim Kriterium "Bild/ Grafik" unterschieden zwischen Zeichnung, Symbol (Icon), Photographie und Typographie[13]; und bei "Ton" zwischen gesprochener Sprache, Geräusch und Musik. Auch beim Kriterium "Text" wird auf bekannte Formen zurückgegriffen, indem unterschieden wird zwischen kurzen, einführenden Texten, unkommentierten Daten (z.B. Terminen oder Produktionszahlen), Adressen/ Kontakten, ausführlichen Berichten/ Hintergrundinformationen/ Dokumentationen sowie Originaldokumenten wie Pressemitteilungen oder (politischen) Programmen. Für "Animation", verstanden als "fließender Bewegungsablauf, der auf der Basis einer Bildreihe entsteht, in der jeweils nur ein Detail eines einzelnen Bildes verändert wird"[14], wird unterschieden zwischen Text-, Icon- und Bild-Animation: Text-Animation ist im Internet denkbar in Form von "Lauftexten"; Icon-Animation liegt vor, wenn anklickbare Symbole beweglich sind oder während, nach oder unabhängig vom Vorgang des Anklickens ihr Aussehen verändern; und Bild-Animation entspricht prinzipiell klassischen Bildsequenzen wie etwa bei den Medien Film und Video. Geschlossene, abrufbare Audio- und Videosequenzen in Internet-Auftritten (z.B. im Internet-Auftritt von Greenpeace) fallen hier nicht unter "Animation". Solche Einheiten werden nicht einzeln analysiert, sondern in ihrer Bedeutung im Rahmen "interessengeleiteter Kommunikation": Der Anbieter distribuiert geschlossene Medienprodukte über seinen Internet-Auftritt. Diese Einschränkung erscheint als legitim, weil es sich bei geschlossenen Sequenzen dieser Art nicht um originäre

---

[13] "Typographie" wird in diesem Fall nicht dem Element "Text" zugeordnet, sondern als grafisches Kriterium behandelt. Texte werden auf Internet-Servern als Dateien abgelegt, die beim Aufrufen einer Seite geladen werden. In diesem Fall werden Texte durch den Browser in seiner Funktion als Abrufprogramm rekonstruiert und je nach Größe des "Fensters" bzw. eingestellter Präferenzen des Nutzers auf dem Bildschirm visualisiert. Wird ein Text hingegen als Grafik abgelegt (was häufig bei Überschriften oder Logos geschieht), so lassen sich Layout, Farbe und Zeichensatz innerhalb dieser Grafik durch den Anbieter quasi unwiderruflich festlegen, weshalb "Typographie" in solchen Fällen als grafisches Element berücksichtigt werden kann. Nicht determinieren läßt sich hingegen die exakte Positionierung einer Grafik im Layout der gesamten "Seite".

[14] Rohner 1997, S. 306.

Internet-Medienprodukte handelt. Entscheidend ist hier nicht die downloadbare Audio- oder Video-Sequenz an sich, sondern ihre Verfügbarkeit über das Medium, die anders nicht gegeben wäre; mithin fällt dieser Aspekt unter die weiter unten entwickelte Option "Globalität/ Distribution/ Verfügbarkeit".

Vernachlässigt man hier zunächst diejenigen Subkriterien der statischen Elemente, die im Zusammenhang der Option "Netz" eingeführt und diskutiert werden, so ergeben sich für die Analysekriterien "Text", "Bild/ Grafik", "Ton" und "Animation" folgende inhaltliche und formale Subkriterien:

Subkriterien von "Text", "Bild/ Grafik", "Ton" und "Animation"
• Thematisierung des Anbieters • Thematisierung der Interessen/ Tätigkeiten/ Produkte/ Dienstleistungen etc. des Anbieters • Themen außerhalb des Anbieters und seiner Interessen/ Tätigkeiten/ Produkte/ Dienstleistungen etc. ♦ Form des statischen Elements
• = inhaltliches Subkriterium   ♦ = formales Subkriterium

Ein Sonderfall ist das rein formale Kriterium "Farbe", das in zweifacher Hinsicht untersucht werden kann: Erstens wird nach der Variabilität des Einsatzes von Farbe gefragt, wobei unterschieden werden soll zwischen schwarz/weißer, einfarbiger, zweifarbiger und mehrfarbiger Darstellung. Zweitens werden dominante Farbtöne qualifiziert.

Farbe
♦ Variabilität des Farbeinsatzes ♦ dominante Farbtöne
• = inhaltliches Subkriterium   ♦ = formales Subkriterium

Mittels des Leitkriteriums "Organisation der Elemente" wird danach gefragt, wie die integrierten Elemente in Beziehung zueinander stehen - und zwar auf zwei Ebenen: erstens "optisch-räumlich" im Sinne von "Layout", zweitens "erzählerisch-integrativ" im Sinne von "Erzählweise" oder "Inszenierung". Beide Ebenen werden als Subkriterien von "Organisation der Elemente" angelegt:

Organisation der Elemente
♦ optisch-räumlich •/♦ erzählerisch-integrativ
• = inhaltliches Subkriterium   ♦ = formales Subkriterium

Das Untersuchungskriterium wird auf WWW-"Seiten" als logische Einheiten innerhalb von Internet-Auftritten bezogen. Zusätzlich kann das Untersuchungsfeld im Hinblick auf die erzählerisch-integrative Ebene auf den gesamten Internet-Auftritt oder Teile davon ausgeweitet werden. Konkrete Ausprägungen für die beiden Subkriterien von "Organisation der Elemente" vorzugeben, ist nicht sinnvoll. Allerdings steht auf beiden Ebenen ein internet-spezifisches Begriffsinventar zur Verfügung.

Optisch-räumlich betrachtet (Ebene 1), bezieht sich die "Organisation der Elemente" auf deren Arrangement innerhalb der zweidimensionalen "Seiten" eines Internet-Auftritts: Texte, Bilder, Grafiken, Icons, Symbole, Animationen usw. werden in räumlicher Relation zueinander positioniert, um die Vermittlungsleistung zu unterstützen. Zum Problem für die Analyse solcher "Layouts" wird der durch die Technik des Mediums bedingte Umstand, daß diese Beziehung der Elemente zu einem erheblichen Teil durch den Nutzer bestimmt wird: Er kann Präferenzen beim Browser einstellen, z.B. Text in einer bevorzugten Typographie darstellen lassen, selbstdefinierte Farben oder Muster als ständigen Hintergrund verwenden oder Grafiken und Bilder gänzlich ausblenden; und er kann Länge und Breite des Bildschirm-"Fensters", auf dem Internet-Inhalte visualisiert werden, selbst bestimmen, was ihm in Teilen Autonomie darüber verleiht, wo

Texte umbrechen, in welcher Größe Grafiken dargestellt werden usf.[15] Vor diesem Hintergrund ist es notwendig, die Bedeutung dieser ersten Ebene als Subkriterium von "Organisation der Elemente" zu relativieren. Gleichwohl kann die Möglichkeit, Elemente in einem Verhältnis zueinander zu plazieren, als integraler Bestandteil der Option "Medienformenintegration" gelten. Zumindest diese relativen räumlichen Bezüge der Elemente lassen sich erfassen, indem für die Analyse eine standardisierte Fenstergröße verwendet wird (siehe hierzu die Abbildungen der Bildschirmoberflächen in den Kapiteln III und IV). Auch der Umstand, daß viele Internet-Nutzer Grafiken kategorisch ausblenden[16], was wiederum zu völlig anderen Layouts führt, kann hier vernachlässigt werden, da es hier darum geht, ob und wie "Medienformenintegration" als Option im Medienprodukt angelegt ist. Anders verhält es sich mit sogenannten "Nur Text"-Befehlen: Offeriert ein Anbieter in seinem Internet-Auftritt die technische Möglichkeit, ausschließlich Texte zu visualisieren, so entsteht eine zweite Version des Internet-Auftritts. Diese soll hier zwar nicht in die Analyse einbezogen werden, jedoch ist es wichtig, auf das Vorhandensein von "Nur Text"-Befehlen zu verweisen: Sie sind in der Lage, "Medienformenintegration" zu "verhindern".

Bei der Beschreibung von "Layout" als optisch-räumlicher Determinante des Kriteriums "Organisation der Elemente" können mehrere Begriffe herangezogen werden, die im Zusammenhang mit der technischen Entwicklung des Internet geprägt wurden.[17] So lassen sich die "Seiten" vieler WWW-Dokumente in drei

---

[15] Der technische Grund hierfür liegt in der Seitenbeschreibungssprache HTML: Der Anbieter eines Internet-Auftritts, in seiner Rolle als "Designer", kann lediglich die Elemente selbst (z.B. einen Text) sowie die relativen Verhältnisse der Elemente zueinander festlegen, nicht jedoch, wie groß sie tatsächlich sind (vgl. Werner/ Stephan 1997, S. 157; siehe hierzu ausführlich und mit vielen Beispielen a.a.O., S. 145 ff.) - Diesen Umstand unter eine andere Option, etwa "Interaktivität", zu fassen, erscheint als nicht sinnvoll: Zwar kann der Nutzer durch persönliche Konfigurationen das Medienprodukt in seinem Erscheinungsbild beeinflussen, jedoch ist diese Freiheit im Umgang mit dem Medium nicht internet-spezifisch, sondern auch bei anderen Medien gegeben (man kann z.B. Seiten aus einem Buch entfernen). Diese Freiheit ist unter Umständen destruktiv, wenn sich ein extrem "entstelltes" Layout bei Internet-Auftritten als nicht sinnvoll handhabbar und destruktiv in bezug auf Nutzungsoptionen erweist (ebenso wie ein Buch, in dem Seiten fehlen). - Der hier erläuterte Umstand wird deshalb nur insofern berücksichtigt, als er dazu dient, Aussagen in bezug auf die optisch-räumliche Organisation von Elementen grundsätzlich unter einen (theoretischen) Vorbehalt zu stellen.

[16] Emery (1996, S. 303) spricht von 40 bis 45 Prozent aller Nutzer des World Wide Web, die Grafiken abgeschaltet haben - zumindest beim "Herumschauen" im Angebot.

[17] Vgl. im folgenden Rohner 1997, S. 53 ff.; Werner/ Stephan 1997, S. 209 ff.; Fuzinski/ Meyer 1997, S. 191; Werner/ Stephan 1997, S. 26 f.

Teile aufteilen, für die sich die Bezeichnungen Kopf (Header), Körper (Body) und Fuß (Footer) eingebürgert haben. Einige Seiten verwenden große Grafiken (genannt "Image Maps"), innerhalb derer der Nutzer Sektionen anklicken kann, um zum Beispiel auf weitere Seiten zu gelangen. Als "Frames" werden eigenständige "Rahmen" innerhalb eines Browser-Fensters bezeichnet, in denen wiederum eigene HTML-Dateien angezeigt werden. Manche dieser Frames sind in sich "scrollbar": Der Nutzer kann mittels eines "Rollbalkens" in einem Rahmen auf- und ab- bzw. nach links und rechts wandern, wobei er dann jeweils nur einen Ausschnitt sieht. Frames können auch dann sichtbar bleiben, wenn eine andere Stelle des Internet-Auftritts aufgerufen wird. "Banner" sind Grafiken, die in HTML-Dokumenten eine ähnliche Funktion wie Anzeigen in Printmedien haben, indem sie direkt auf einen externen Internet-Auftritt verweisen.

Die Frage nach der "erzählerisch-integrativen" Organisation der Elemente (Ebene 2) widmet sich der eigentlichen Integrationsleistung des Internet in bezug auf die statischen Elemente. Um diese Leistung erfassen zu können, ist es hilfreich, "Integration" gegenüber diversen Implikationen des begrifflich unscharfen "Multimedialitäts"-Paradigmas, wie es zu Beginn dieses Kapitels dargestellt wurde, abzugrenzen. Die Annahme, durch "Medienformenintegration" entstehe im Internet etwas qualitativ Neues, läßt sich dahingehend spezifizieren, daß die Elemente (potentiell) neu zueinander in Beziehung gesetzt werden. Die optisch-räumliche Anordnung von Elementen (Ebene 1) ist hierbei nur eine Voraussetzung; "Medienformenintegration" ergibt sich der hier getroffenen Annahme zufolge erst auf der "erzählerisch-integrativen" Ebene. Auf dieser Ebene wird untersucht, ob und wie die Plazierung von Elementen vor dem Hintergrund ihrer Inhalte und Bedeutungen in ihrem spezifischen Zusammenspiel eine neue Form von Vermittlung (i.S. von "Inszenierung") generiert, die hier als (spezifische) "Erzählweise" des Mediums bezeichnet werden soll.

Entsprechende medientheoretische Ansätze, die erklären wollen, wie das hier als "Medienformenintegration" bezeichnete Phänomen funktioniert, sehen sich mit diversen methodischen Problemen konfrontiert. Zum einen sind der Stellenwert und das Bedeutungsspektrum von "Medienformenintegration" an sich nicht deutlich: Problematisch sind hier uneinheitliche oder fehlende Abgrenzungen insbesondere zu "Interaktivität", "Hypermedialität" oder "Hypertextualität". Zum anderen ist nicht klar, welche Theorien auf der Ebene der Darstellungsformen herangezogen werden sollen und wie diese Theorien in bezug auf das Internet zu reformulieren sind.[18] Demgegenüber soll "Medienformenintegration" auf der erzählerisch-integrativen Ebene in dieser Arbeit schlicht an der Frage nachvollzogen werden, inwiefern Internet-Auftritte durch eine medium-spezifische Organisation ihrer statischen Elemente Inhalte gesamthaft anders "erzählen" als dies in anderen Medien geschieht.

Neben der Integration verschiedener Darstellungsformen an sich bietet das Internet aufgrund technischer Eigenschaften des Dienstes "World Wide Web" eine weitere Möglichkeit, Inhalte anders darzustellen, als ältere Medien dies tun: Informationseinheiten lassen sich durch programmierte Verweise untereinander vernetzen. Dieses Phänomen wird hier von "Medienformenintegration" getrennt und als "Netz" bezeichnet. Im folgenden Abschnitt wird diskutiert, inwiefern diese Option als spezifisch für das Internet gelten kann und mittels welcher Analysekriterien sie sich beschreiben läßt. Ausgewählte Aspekte der Hypertext-/ Hypermedia-Diskussion werden im Hinblick auf das Internet spezifiziert. Daraus lassen sich Kriterien ableiten; diese werden als Subkriterien verortet bei den drei Leitkriterien der Option "Netz": "Organisation der Seiten", "Links" und "Navigation".

3. Netz

Die Infrastruktur des Internet als Zusammenschluß dezentraler Netzwerke sowie die im World Wide Web verwendete Seitenbeschreibungssprache HTML ermöglichen es, beliebige Stellen innerhalb des WWW-Angebotes miteinander zu verbinden. Diese "Stellen" können Objekte aller Art (z.B. Texte, Formulare, Grafi-

---

[18] Sandbothe beispielsweise fordert die Anwendung der pragmatischen Gebrauchstheorie des Zeichens: Der Vorstellung, etwas werde einheitlich als Bild, als Sprache oder als Schrift verwendet, hält Sandbothe entgegen, gerade bei einer konsequenten Durchführung der Gebrauchstheorie sei davon auszugehen, "daß wir es jeweils mit komplexen Bündeln von Bild-, Sprach- und Schriftspielen zu tun haben, die auch auf der gebrauchstheoretischen Ebene kein einheitliches Merkmal aufweisen, das allen Elementen der jeweiligen Menge gemeinsam ist. (...) So wenig ein durchgehendes Wesensmerkmal aufzeigbar ist, das Bilder als Bilder, Sprache als Sprache und Schrift als Schrift definiert, so wenig lassen sich feste Trennungslinien zwischen den unterschiedlichen Zeichentypen fixieren. Bilder, Laute und Buchstaben sind immer auch relativ auf und in Abhängigkeit von den Medien im engsten Sinn, die den Rahmen ihres Gebrauchs abstecken, voneinander abgegrenzt bzw. miteinander verflochten. Das bisherige Mediensystem, in dem audiovisuelle Medien und Printmedien deutlich voneinander geschieden waren, legte strikte Grenzziehungen zwischen den Zeichensorten nahe. Das multimediale Zeichengeflecht des World Wide Web hebt diese Trennungen auf und definiert die Relationen neu." (Sandbothe 1997, S. 70.)

ken, Bild- oder Tonsequenzen) sein; sie können sich an verschiedenen Positionen in Internet-Auftritten befinden oder in einem beliebigen anderen. Technisches Kernstück ist der programmierte Verweis, genannt "Link" oder "Hyperlink". Diese technische Möglichkeit konstituiert eine Nutzungsoption des Mediums, die hier als "Netz" bezeichnet werden soll: Der Nutzer kann verschiedene Wege einschlagen, sich von einer Stelle an mehrere andere Stellen weiterverbinden lassen. Dies führt dazu, daß alle von einer bestimmten Stelle erreichbaren Stellen, unabhängig von ihrer "Ablage" auf welchem angeschlossenen Server auch immer, für den Nutzer gleich weit entfernt sind, nämlich durch einen einzigen Mausklick aufgerufen werden können. Folglich ist nicht nur nach den Informationseinheiten selbst zu fragen, sondern auch nach ihrer Eingebundenheit in "Netze" von Informationseinheiten. Damit verbindet sich die Annahme, daß sich der "Wert" einer Informationseinheit für den Nutzer nicht nur durch ihren Gehalt selbst, sondern auch durch ihre Eingebundenheit in das Netz von Informationen ergibt: dem, was der Nutzer rezipiert hat, bevor er an eine bestimmte Stelle gelangte, und dem, was er von dieser Stelle aus als nächstes aufruft.

Die zugrundeliegenden technischen Möglichkeiten des Internet haben viele Autoren dazu veranlaßt, "Nicht-Linearität" zum Spezifikum des Internet zu stilisieren.[19] Bereits die übliche Bezeichnung des Internet-Rezipienten als "Nutzer" oder "User" impliziert ein Paradigma der Aktivierung, verglichen mit den eher Passivität signalisierenden Begriffen "Zuschauer" bei den Medien Film und Fernsehen, "Hörer" beim Hörfunk usf. In künstlerisch oder gesellschaftskritisch orientierten Ansätzen zu computerbasierten Medien wurden entsprechende (idealistische) Thesen entwickelt: die Trennung von Autor und Rezipient werde aufgehoben, der Leser greife aktiv in den Vermittlungsprozeß ein, Texte verlören ihre Bedeutungs- und Machtzentren und der Unterschied zwischen Kommentar und Haupttext verschwinde.[20] Ebenso verbinden sich die technischen Möglichkeiten auf der "medienphilosophischen" Ebene mit Hoffnungen, durch Verbindung von Informationseinheiten neue Formen des Schreibens und Lesens zu generieren: eine "Pluralität unterschiedlicher Pfade und Verweisungen, die der Lesende zu neuen Gedankenbildern formt, die sich aus dem Zusammenspiel zwi-

---

[19] Rötzer (1995) beispielsweise differenziert implizit zwischen linear-sequentiellen Medien wie Buch, Film, Fernsehen oder Theater, deren Erzählweisen sich der Rezipient "unterwerfen" müsse, und computerbasierten nicht-linearen Medien, die es dem Nutzer ermöglichten, "aktiv Verknüpfungen und Deutungen" herzustellen (vgl. a.a.O., S. 67 u. 96). Siehe exemplarisch für dieses Paradigma auch Oenicke 1996, S. 66 ff.

[20] Vgl. sinngemäß Idensen/ Krohn 1994, S. 245.

schen der offenen Struktur des Textes und den Interessen und Perspektiven des Lesenden ergeben".[21]

Dem ist entgegenzuhalten, daß die Möglichkeit für den Rezipienten, verschiedene Stellen des Medienprodukts miteinander zu verknüpfen, allein nicht als spezifisch für das Internet gelten kann. Im Medium Buch beispielsweise sind solche Verknüpfungen zumindest auf der formalen Ebene durchaus vorgesehen: etwa bei Enzyklopädien und Lexika als Verweise, in Texten als Fußnoten oder als Indizes.[22] Auch auf der inhaltlichen Ebene ist das Medium Buch zu einem gewissen Grade "nicht-linear": etwa in fiktionalen Texten durch Wechsel der Erzählperspektive oder durch Zeit- und Raumsprünge. Bei der Spezialform der sogenannten "D&D"-Fantasy-Romane, die in den achtziger Jahren aufkamen, wurde an bestimmten Textstellen die Entscheidung über den weiteren Verlauf der Handlung in die Hände des Lesers gelegt, indem verschiedene Textstellen angeboten wurden, an denen weitergelesen werden konnte. Schließlich tritt "Nicht-Linearität" in all den Medien auf, die Inhalte nicht sequentiell vermitteln, sondern gleichzeitig: etwa das mittelalterliche Medium Kirchenfenster, auf dem teilweise mehrere Szenen, zwischen denen der Betrachter Beziehungen herstellen konnte, neben- oder übereinander angeordnet waren.

In allen genannten Beispielen kann der Rezipient Stellen im Medienprodukt miteinander verbinden. Voraussetzung ist, daß diese Verbindungen vom Autor determiniert werden (Setzen von Verweisen in Lexika, Gruppieren von Motiven im Kirchenfenster usf.). So auch im Internet. Anders und damit neu und für das Medium spezifisch ist hier jedoch,
(a) daß innerhalb eines Medienprodukts (d.h. eines konkreten Internet-Auftritts) die Verweise technisch angelegt sind und durch einen simplen Bedienungsbefehl (Mausklick) aktiviert werden können sowie
(b) daß auch Stellen aufgerufen werden können, die außerhalb des aktuell rezipierten Medienprodukts, des Internet-Auftritts, liegen. Somit wird das gesamte inhaltliche Angebot des Mediums (in den Grenzen der programmierten Verweise und abgesehen von administrativ-restriktiven Konfigurationen wie geschlossenen Nutzergruppen) prinzipiell für jeden Nutzer zugänglich.

"Nicht-Linearität" ist also nicht an sich spezifisch für das Internet, sondern ihre Gewichtung innerhalb des Mediums, durch welche die Option "Netz" generiert

---

[21] Sandbothe 1997, S. 73.
[22] Vgl. Werner/ Stephan 1997, S. 51 f.

wird, ist spezifisch.[23] Für einzelne Internet-Auftritte kann angenommen werden, daß die Option "Netz" von drei Aspekten abhängt, die mit jeweils einem Analysekriterium erfaßt werden können und ein spezifisches Verhältnis von Linearität und Nicht-Linearität erzeugen:

(1) das Verhältnis, in dem die (in Anlehnung an den Begriff aus den Printmedien) als "Seiten" unterscheidbaren Informationseinheiten zueinander stehen: wie die Seiten rubriziert sind und welche Hierarchie erkennbar ist. Dieses Verhältnis kann für jeden Internet-Auftritt spezifiziert und mit dem Kriterium "Organisation der Seiten" erfaßt werden. Hierzu wird ein "Ablaufplan" des zu untersuchenden Internet-Auftritts angelegt: Jede Seite erhält eine Nummer und wird hierarchisiert.[24] Verweise, die eben dieses erkennbare Verhältnis der Seiten konstituieren, sollen im folgenden als "Verbindungen" (in Abgrenzung zu "Links") bezeichnet werden. Verzweigen sich die Seiten eines Internet-Auftritts in verschiedene Rubriken, so kann die "Tiefe", in der eine Seite innerhalb der Hierarchie plaziert ist, mit dem Begriff "Generation"[25] gekennzeichnet werden. Je tiefer eine Seite innerhalb der Hierarchie plaziert ist, desto höher ist ihre Generation.

(2) Sodann geht es um die Querverbindungen, die außerhalb der erkennbaren Relation der Seiten bestehen: z.B. Verweise von einer Ebene in die andere oder zu anderen Internet-Auftritten. In dieser Arbeit werden solche "außerordentlichen" Verbindungen als "Links" bezeichnet und mit dem entsprechenden Kriterium erfaßt; "Links" meint hier also nur diejenigen Verbindungen, welche die vorgegebene Hierarchie verlassen. Diese Unterschei-

---

[23] Entsprechend hat Hammwöhner (1993) für Hypertexte gezeigt, daß keine prinzipiellen Strukturunterschiede zwischen Hypertexten und "traditionellen" Texten bestehen: Die sieben Kriterien für Textualität - als da sind Kohäsion, Kohärenz, Intentionalität, Akzeptabilität, Informativität, Situationalität und Intertextualität - lassen sich auch auf Hypertexte anwenden, jedoch seien die Strukturelemente anders gewichtet. (Siehe ausführlich a.a.O., S. 24 ff.; zum Begriff "Hypertext" und "Hypermedia" siehe unten.)

[24] Die Bezeichnung "Ablaufplan" ist insofern etwas irreführend, als sie suggeriert, ein "Besuch" bei einem Internet-Auftritt folge einem vorgegebenen (linearen) Ablauf - gerade das ist ja nicht der Fall. Gleichwohl hat sich diese Bezeichnung in der Praxis durchgesetzt (vgl. Emery 1996, S. 294), weshalb sie hier beibehalten wird. Die Funktionen, die der Ablaufplan bei der Analyse von Internet-Auftritten erfüllen soll, sind vergleichbar mit den Funktionen, die das Sequenzprotokoll bei der Filmanalyse übernimmt.

[25] Vgl. Rohner 1997, S. 60.

dung zwischen "Verbindungen" und "Links" ist freilich nur dann sinnvoll, wenn es überhaupt eine erkennbare Ordnung gibt. In den hier behandelten Internet-Auftritten ist dies der Fall.

Es ist erkennbar, daß in Internet-Auftritten "Ordnung" und "Querverbindungen" bzw. die entsprechenden Kriterien "Organisation der Seiten" und "Links" in einem Spannungsverhältnis zueinander stehen: "Links" erweisen sich als "destruktives Element"[26], indem sie (a) auf der Mikro-Ebene die lineare Abfolge innerhalb einer Informationseinheit, zum Beispiel einer "Seite", sowie (b) auf der Makro-Ebene die "logisch" vorgesehene Abfolge der Informationseinheiten, zum Beispiel der "Seiten" des Internet-Auftritts, zerstören und in beiden Fällen vom Nutzer zusätzlichen Orientierungsaufwand einfordern.[27] Innerhalb dieses Spannungsverhältnisses muß, als drittes Element, "Navigation" vermitteln[28]:

(3) Die im Internet-Auftritt eingesetzten Instrumente, die es dem Nutzer ermöglichen, die im Rahmen der Ordnung vorgegebenen "Hauptwege" (s.o.: 1) sowie die Querverbindungen dazwischen (2) zu "beschreiben", werden mit dem Kriterium "Navigation" erfaßt. Dieses Kriterium bezieht sich auf die Vermittlung der verschiedenen Möglichkeiten des Navigierens durch bestimmte Instrumente innerhalb des Internet-Auftritts.

Das Schaffen einer (wie auch immer starken) Ordnung von Informationseinheiten, das eigentlich gegen das radikale "Netz"-Prinzip verstößt, scheint Bedingung dafür zu sein, daß ein Internet-Auftritt überhaupt genutzt werden kann. Andererseits ginge internet-spezifisches Potential verloren, bestünden nicht "Links" außerhalb einer solchen Ordnung.[29] Um die potentielle Koexistenz von Hierarchien in Internet-Auftritten zu berücksichtigen, soll im folgenden die "Hauptordnung" als "Primärhierarchie" bezeichnet werden. Diese Primärhierarchie ("Organisation

---

[26] Wingert 1993, S. 35.

[27] Vgl. Lippert 1997, S. 45; Hannemann/ Thüring 1994, S. 30.

[28] Vgl. hierzu die Unterscheidungen zwischen "content-based" und "navigational structure" (Hardman 1994, S. 24), zwischen "factual" und "rethorical structuring" (Hannemann/ Thüring 1994, S. 31) und zwischen "hyperbase schema design"/ "reading schema(s) design"/ "instances design" einerseits und "access structures design" andererseits (Garzotto u.a. 1994, S. 8 ff.).

[29] Garzotto u.a. (1994, S. 6) thematisieren dieses Problem unbewußt, wenn sie im Zusammenhang mit "hypermedialer" Präsentation von der "Notwendigkeit kohärenter Strukturierung von Information" (Übersetzung SV) sprechen.

der Seiten") wird für die hier betrachteten Internet-Auftritte nach dem Prinzip der ersten Verbindung (Prinzip der niedrigsten Generation) ermittelt: Berücksichtigt wird jeweils die auf der niedrigeren Generation auftretende Verbindung, d.h. eine Seite C wird dann einer anderen Seite B untergeordnet, wenn C nicht noch von einer weiteren Seite A aus erreichbar ist, die eine niedrigere Generation hat als B - gleichgültig, ob C zusätzlich von einer oder mehreren weiteren Seiten höherer Generationen D oder E aus erreichbar ist. Sämtliche anderen Verweise auf C werden dann als "Links" klassifiziert.

Auf diese Weise ist es möglich, "Baupläne" von Internet-Auftritten zu zeichnen, wobei - neben dem Fall, daß ein Auftritt aus nur einer Seite besteht - drei (Ideal-) Typen unterschieden werden können: erstens die lineare Folge von (beliebig vielen) Seiten; zweitens die Baumstruktur, innerhalb derer sich die Seitenfolge von der Startseite aus über eine oder mehrere Ebenen verzweigt; und drittens die Plenarstruktur, in der sämtliche Seiten des Internet-Auftritts mit allen anderen verbunden sind.

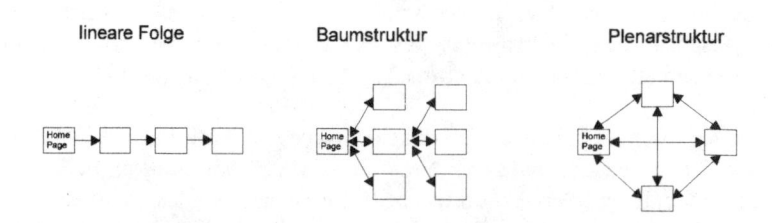

Abbildung 1: Idealtypische "Baupläne" von Internet-Auftritten
(Kriterium "Organisation der Seiten")

Die genannten Typen werden als mögliche Ausprägungen dem Leitkriterium "Organisation der Seiten" zugeordnet. Wie die dieser Arbeit zugrundeliegenden Analysen zeigen, können in Internet-Auftritten auch Kombinationen dieser Idealtypen bestehen. In "Baumstrukturen", die für viele Internet-Auftritte die Primärhierarchie verkörpern, lassen sich mittels des "Prinzips der ersten Verbindung" Rubriken ermitteln, welche später als Maßstab dafür dienen, ob ein Verweis zwischen zwei Seiten eine Verbindung oder einen Link darstellt. Für die Hierarchisierung der Seiten innerhalb der Rubrik "Öl & Offshore" im Internet-Auftritt von Greenpeace beispielsweise ergibt sich folgender Ausschnitt aus dem Ablaufplan:

Hierarchie/ lfd. Nr.	Links (nur Rubriken-intern)
3. 4. 5. 6. 7. 8. 9. 10. Generation	
192 Öl & Offshore	
193 Brennpunkt Offshore	210,212
194 Kampagnen-Report 1996	195,202,210,211,213
195 Chronologie Brent Spar	
196 Chemismus des Rohöls	
197 Bordtagebuch Arctic Sunrise	
[198 bis 200]	
201 Route des Schiffes	
202 Zu entsorgende Offshore-Anlagen in der Nordsee	
[203 bis 209]	
210 Zur Sache: Öl- und Gasförderung bedroht die Nordsee	
211 Kein Grund zum Versenken	
212 Argumente zum Thema Öl	
213 In Aktion: Brent Spar	
214 Shell in der Türkei	
215 Situation im Niger-Delta	
[Ende der Rubrik]	

Das hier als "Prinzip der ersten Verbindung" eingeführte Verfahren berücksichtigt den Zeitpunkt im Nutzungsablauf, zu dem Verbindungen (innerhalb von Rubriken!) dem User erstmals angeboten werden, wenn dieser sich an der dominanten Primärhierarchie (hier: Baumstruktur) orientiert: Hier tritt eine Verbindung zur Seite 213 "In Aktion: Brent Spar" erstmals auf der Rubrikenstartseite 192 auf. Da 192 eine Seite dritter Generation ist, wird die Seite 213 ihr als Seite vierter Generation direkt untergeordnet. Der Verweis von 194 "Kampagnen-Report" auf 213 wird folglich als Link klassifiziert; denn 194 ist dem Prinzip der ersten Verbindung zufolge eine Seite fünfter Generation, da sie erstmals von einer Seite vierter Generation (nämlich 193 "Brennpunkt Offshore") aus erreichbar ist.

    Problematisch wird dieses Verfahren, wenn innerhalb einer Rubrik oder Unterrubrik derartig viele Querverbindungen auftreten, daß von Plenar- oder Semi-Plenarstrukturen gesprochen werden muß: Im vorliegenden Beispiel wäre es durchaus denkbar, die Seiten 195, 201, 202, 210, 211, 212 und 213 unterhalb der Seite 194 anzusiedeln; umgekehrt wären dann die Verweise, die von den Seiten ausgehen, welche oben noch übergeordnet sind, als Links zu begreifen, z.B. wäre der Verweis von 192 nach 213 keine Verbindung, sondern ein Link. Hieraus folgt, daß Ablaufpläne, wie sie hier erstellt werden, bei komplexen Internet-Auftritten wie dem von Greenpeace nicht mehr sind als Rekonstruktionen zu Analysezwecken auf der Basis einer einheitlichen Methode.

Je weniger ein Internet-Auftritt eine dominante Primärhierarchie aufweist, desto stärker greift die "Netz"-Option. Aus der "Hypertext"-Debatte[30] lassen sich eine Reihe von Problemen eruieren, die sich aus der Vernetzung von Informationseinheiten ergeben und auf diejenigen Aspekte verweisen, die es in Internet-Auftritten in bezug auf "Netz" zu untersuchen gilt. "Hypertext", verstanden als "Netzwerk, dessen Knoten (Units bzw. Hypertexteinheiten) Texte enthalten, während die Kanten (links) inhaltliche Verbindungen zwischen diesen anzeigen"[31], verkörpert technisch gesehen dasselbe Prinzip, das im Internet zum Tragen kommt: "Das Programm lautet: Löse den Text in seine Bestandteile auf und organisiere diese Teile neu; verbinde die Teile untereinander mit Fäden, computertechnisch: links, und organisiere das Ganze als mehr oder weniger geordnetes Netz."[32]

Die zentrale Wirkungshypothese in bezug auf Hypertext-Dokumente besagt, durch die Organisation der Informationseinheiten als Netz, innerhalb dessen sich der Rezipient mehr oder weniger frei bewegen kann, werde der Prozeß aktiver Aneignung von Information begünstigt: "Eine zunächst noch unverständliche Stelle wird (...) durch eigene Entdeckungen in einen Kontext gestellt, schrittweise entschlüsselt und die Tiefenstruktur des Textes immer weiter ausgeleuchtet."[33] Demgegenüber wird darauf hingewiesen, bereits die Problematik des "Sich-orien-

---

[30] Der Begriff "Hypertext" wird zurückgeführt auf Theodor H. Nelson, der 1974 ein Buch mit dem Titel "Computer Lib" veröffentlichte, auf dessen Seiten (die erste Hälfte des Buches ist von vorn, die zweite durch Umdrehen von hinten zu lesen) sich geschriebene Texte unterschiedlicher Länge, dargestellt in verschiedenen Schriftarten, sowie Bilder und Zeichnungen in einem wilden Layout nebeneinander finden. Jede Informationseinheit offeriert in sich einen bestimmten "Sinn", eine Reihenfolge der Rezeption ist nicht vorgegeben (Nelson 1987). Das Werk, das auch auf CD-ROM publiziert wurde, ist ein Beispiel für "Nicht-Linearität" im Medium Buch (s.o.).

[31] Hammwöhner 1993, S. 24.

[32] Wingert 1995, S. 112. - Dieses "Netz" kann freilich - wie das Internet (Garzotto u.a. (1994, S. 5) bezeichnen das World Wide Web als "distributed hypermedia") - auch andere Elemente als geschriebenen, sprachlichen Text enthalten; Phänomene dieser Art werden entweder mit dem Begriff "Hypermedia" belegt oder der "Hypertext"-Begriff wird, ähnlich dem "Text"-Begriff in der Linguistik, dahingehend erweitert, daß "Text" Zusammenhänge auf einer Makroebene meint und nicht nur sprachlichen Text als ein mögliches Element davon. Im folgenden wird dieses erweiterte Verständnis von Hypertext zugrundegelegt.

[33] Wingert 1993, S. 35.

tieren-müssens" kompliziere den Entschlüsselungsvorgang, binde vorhandene Kapazitäten beim Rezipienten und vermindere so dessen Aufmerksamkeitspotential für den eigentlichen Inhalt.[34]
Ausgehend von dieser Dialektik sowie von der oben beschriebenen Dialektik von Ordnung ("Organisation") und Querverweisen ("Links") offeriert die Hypertext-Debatte eine Reihe von Orientierungsproblemen, die auf das Internet übertragen werden können. Orientierung gilt in der Hypertext-Diskussion als Funktion von Verstehen.[35]

(1) Das Problem der fehlenden Sinnzusammenhänge:
Der Nutzer muß (a) auf der Ebene einzelner Informationseinheiten "Sinn" entschlüsseln und (b) Bezüge zwischen den verschiedenen Informationseinheiten herstellen ("Lesen von Strukturen"[36]). Dabei entsteht das Problem der "informationellen Kurzsichtigkeit"[37]: Der Nutzer muß fortlaufend entscheiden, welche Informationseinheit er als nächstes aufruft, ohne die Folgen seiner Entscheidung abschätzen zu können.

(2) Das Problem der Masse der Links mit der Konsequenz der inhaltlichen Abschweifung:
Je mehr Alternativen sich dem User bieten und je weniger eine Ordnung erkennbar ist, desto mehr läuft der User Gefahr, sich in der Masse des Angebotes zu "verzetteln". Hier kann der "Netz"-spezifische Vorteil, jederzeit auf andere Stellen zugreifen zu können, im Hinblick auf "Verstehen" zum Nachteil werden, indem der User vom eigentlichen Informationsinteresse "abschweift". In bezug auf Hypertext, aber auch auf das Internet, wird in diesem Zusammenhang vielfach von "Sich verlieren" gesprochen.[38] Im Internet ist dieses Problem besonders dann gegeben, wenn Links zu anderen Internet-

---

[34] So beispielsweise Hardman (1994, S. 19): "(...) "one click away" is not always as close for the reader as the designer may think - for inexperienced computer users accessing information via a link involves a cognitive load, thus disturbing readers in their train of thought." (Vgl. auch die dort zit. Literatur.)

[35] Vgl. den Ansatz bei Hannemann/ Thüring (1994, S. 29), wo das Oberziel von Navigations-Design lautet: "increase the readability of a hyperdocument" (was hier "Verstehen" entspräche); ihm wiederum ist das Ziel "support readers in the construction of their mental models" (hier mit "Orientierung" identifizierbar) untergeordnet.

[36] Wingert 1995, S. 113.

[37] Vgl. Wingert u.a. 1992, S. 88 sowie die dort zit. Literatur.

[38] Vgl. exemplarisch Tergan 1993, S. 17; Rheinz 1996; Werner/ Stephan 1997, S. 55.

Auftritten führen. Als Konsequenz kann das "Art Museum Phenomenon"[39] auftreten: Jemand, der einen ganzen Tag im Museum verbracht und hunderte von Kunstwerken betrachtet hat, ist möglicherweise nicht in der Lage zu erzählen, was er gesehen hat.

(3) Das Problem der Orientierung über Orientierungsmittel:
Der Nutzer muß sich nicht nur innerhalb vernetzter Informationseinheiten orientieren, sondern auch über die Instrumente, die ihm eben diese Orientierung ermöglichen sollen.

(4) Das Problem der Dominanz von Orientierungsmitteln ("Landkarten-Syndrom")
Es entsteht in Hypertexten, wenn sich Orientierungsmittel vor den eigentlichen Inhalt schieben, verglichen mit einer Landkarte, die den Autofahrer zwar zu orientieren imstande ist, ihm jedoch den Blick auf die Landschaft versperrt.[40]

(5) Das Problem des Verhältnisses informativer und referenzierender Teile
Es ist mit dem letztgenannten Problem verwandt. Während die Grundeinheiten von Hypertexten als "informative Einheiten" bezeichnet werden können, sollen die "referenzierenden Teile" der Übersicht dienen und die Entscheidung ermöglichen, ob eine zu selektierende Einheit für den User relevant ist. Referenzierende Teile versuchen so dem oben skizzierten Problem der "informationellen Kurzsichtigkeit" zu begegnen.

(6) Das "Atomisierungsproblem":
Es stellt sich die Frage, wie klein Informationseinheiten, die mit anderen Informationseinheiten vernetzt werden, sein dürfen, um noch einen Inhalt zu vermitteln und die Orientierung im Gesamtzusammenhang zu ermöglichen.[41]

(7) Das Determinierungsproblem:
Aus der Macher-Perspektive aufgeworfen wurde die Frage, wie Informationseinheiten untereinander relationiert werden können, um dem Nutzer einen

---

[39] Vgl. Hannemann/ Thüring 1994, S. 29 sowie die dort zit. Literatur.
[40] Vgl. Wingert u.a. 1992, S. 86 sowie die dort zit. Lit.
[41] Siehe Bolz 1993, S. 207 f.

oder mehrere vom Autor oder Anbieter intendierte Wege vorzugeben.[42] In diesem hier als "Determinierungsproblem" bezeichneten Aspekt begegnen sich ein weiteres Mal das Freiheitsprinzip des Vernetzungs-Phänomens einerseits und die Notwendigkeit der "Nutzerführung" zugunsten von Orientierung und Verstehen andererseits, hier allerdings erweitert um eine Art "Lenkungsstrategie", die ihren Ursprung in Interessen des Anbieters hat.

Unabhängig von den genannten Orientierungsproblemen ist im Hinblick auf die Organisation von Inhalten im Internet und bezogen auf interessengeleitete Kommunikation danach zu fragen, ob durch die "Netz"-Struktur so etwas wie ein "informationeller Mehrwert"[43] im Vergleich zur herkömmlichen Textorganisation generiert werden kann: ob und wie also (Ebene a) die einzelne Information durch Einbindung in ein Netzwerk anderer Informationen "gewinnt" und wie (Ebene b) die Gesamtheit der dargebotenen Information in einem Internet-Auftritt gegenüber linearer Organisation verändert wird, indem sie in vernetzte Partikel aufgelöst wird.

Die Diskussion der drei Leitkriterien für die internet-spezifische Option "Netz" muß sich, mit Blick auf "Kommunikation", zwar an den genannten, kohärenz-bezogenen[44] Problemen orientieren - es ist jedoch, mit Blick auf die zweite Dimension "Interesse", nicht davon auszugehen, daß "Kohärenz" für einen User immer der ausschlaggebende Faktor ist: "Sich verlieren" in der Fülle des Angebotes, verglichen etwa mit dem "Zapping" beim Fernsehen, ist, wie entsprechende Untersuchungen gezeigt haben[45], durchaus als psychologisches Motiv zur Internet-Nutzung konstatierbar. Insofern besitzt der im folgenden entwickelte Kriterienzusammenhang für "Netz", ebenso wie die anderen Optionen, nicht eine "Idealausprägung", sondern beschreibt, angewendet auf konkrete Internet-Auftritte, Potentiale, die im Medienprodukt angelegt sind.

Hierbei wird wiederum unterschieden zwischen der Ebene (a) der einzelnen Informationseinheiten und der Ebene (b) ihres Zusammenhangs; ergänzt um die Ebene (c) "Interface". Als "Informationseinheiten" werden im folgenden die un-

---

[42] Vgl. Hünerberg 1996, S. 110.
[43] Wingert u.a. 1992, S. 87 sowie die dort zit. Literatur.
[44] "Kohärenz" bezeichnet den inhaltlichen Zusammenhang in (Hyper-)Texten; sie umfaßt syntaktische und semantisch-kognitive Aspekte und baut auf der Kontinuität von Sinn auf, wobei "Sinn" als die im Textzusammenhang aktualisierte Bedeutung gilt. (Vgl. Vater 1992, S. 41 ff. sowie (ausführlich angewendet auf Hypertexte) Hammwöhner 1993, S. 24 f.)
[45] Vgl. Werner/ Stephan 1997, S. 69 f. sowie die dort zit. Literatur.

terscheidbaren "Seiten" begriffen. Das Problem des Sinnzusammenhangs ist in sämtlichen der im folgenden entwickelten Subkriterien aufgelöst.

(a) Ebene der einzelnen Informationseinheiten

- Aus dem "Atomisierungsproblem" ergibt sich die Frage nach Größe und inhaltlichem Umfang der "Seiten" eines Internet-Auftritts.

- Als Folge des "Problems der fehlenden Sinnzusammenhänge" ist auf der Ebene einzelner Informationseinheiten das Kriterium "Metakontextualität" anzuwenden. "Metakontextualität" indiziert, inwiefern die in den statischen Elementen vermittelten Inhalte in verschiedenen (kulturellen oder gesellschaftlichen) Kontexten zumindest als relevant gelten und im Ansatz verstanden werden können. Dieses Kriterium trägt der Tatsache Rechnung, daß das Internet potentiell globale Reichweite finden kann.[46] "Metakontextualität" ist auf die einzelnen statischen Elemente anzuwenden und wird dort, gemeinsam mit dem im folgenden entwickelten Kriterium "Kontextualisierbarkeit", unter dem Oberbegriff "Vernetzung" behandelt.

- "Kontextualisierbarkeit" reflektiert den Umstand, daß der Nutzer unter Umständen auf eine bestimmte Stelle stößt, die dann aus sich selbst heraus verstehbar sowie zu anderen, im Nutzungsablauf zeitlich vorher oder hinterher rezipierten Stellen in Beziehung setzbar sein sollte.

- Das "Massenproblem" wirft die Frage auf, wie viele Auswahlmöglichkeiten sich dem User zu einem identifizierbaren Zeitpunkt im Nutzungsablauf, also auf einer bestimmten Seite bzw. in einem Fensterausschnitt, bieten. Diese Frage wird an anderer Stelle als Subkriterium von "Interaktivität" (als Leitkriterium für die gleichlautende Option) problematisiert; mithin ist hier ein Zusammenhang zwischen beiden Optionen erkennbar.

(b) Ebene des Zusammenhangs der Informationseinheiten

- Neben der Frage nach einer erkennbaren "Primärhierarchie" der Informationseinheiten, die dem Kriterium "Organisation der Seiten" zugeordnet und nach dem oben dargelegten Prinzip der ersten Verbindung entschieden wird, ergibt sich - bei Berücksichtigung der oben dargelegten grundsätzlichen Ru-

---

[46] Vgl. Oenicke 1996, S. 66.

brizierungsproblematik - die Frage nach der möglichen Koexistenz von Hierarchien und deren Relation zueinander. Ein einfaches Beispiel für eine Sekundär-Hierarchie ist ein alphabetisches Schlagwortregister mit direkten Links zu den entsprechenden Stellen. In Abwandlung dazu können die bestehenden Hierarchien auch gleichberechtigt sein, etwa wenn das Angebot eines Internet-Auftritts über verschiedene, gleichermaßen präsente Navigationsinstrumente erreichbar ist, denen verschiedene Rubrizierungsprinzipien zugrunde liegen. Eine weitere Möglichkeit sind alternative Hierarchien: In diesem Fall wird das Angebot rubriziert in Abhängigkeit von Nutzer (z.b. nach Abfrage individueller Parameter) oder in Abhängigkeit von der Stelle im Internet-Auftritt. Koexistenz von Hierarchien läßt sich mittels der Kriterien "Organisation der Seiten" und "Links" erfassen.

- Ebenfalls von Bedeutung auf dieser Ebene ist die Frage nach der Art der Querverbindungen ("Links"), die mit dem Problem der Masse zusammenhängt. Hier kann internet-spezifisch unterschieden werden zwischen "auftritts-internen" Links, die auf eine Stelle innerhalb des Internet-Auftritts verweisen, "anbieter-internen" Links, die auf einen anderen Internet-Auftritt des gleichen Anbieters verweisen, sowie "anbieter-externen" Links, die auf einen Internet-Auftritt eines fremden Anbieters verweisen. Die Art, in der die Links präsentiert werden, ist in dieser Systematik weiter unten auf der Interface-Ebene anzusiedeln und mithin nicht für das Kriterium "Links", sondern für das Kriterium "Navigation" relevant. Auch die Vernetzung der statischen Elemente "Text", "Bild/ Grafik", "Ton" und "Animation" wird nicht dem Kriterium "Links" zugeordnet, sondern als Subkriterium bei den jeweiligen statischen Elementen angelegt; denn im Hinblick auf diese "formale Vernetzung" der statischen Elemente ist vielmehr die Frage von Bedeutung, welche statischen Elemente miteinander verbunden werden - weniger die Frage, ob dies durch Verbindungen oder durch Links geschieht.[47] Innerhalb des Kriteriums "Links" hingegen wird das Subkriterium "Verbindungen von Inhalten über Links" eingeführt; hierbei geht es um die Frage, welche Inhalte signifikant häufig mit anderen verbunden werden, unabhängig von ihrer Darstellungsform.

---

[47] Bei Seiten, die mehrere statische Elemente aufweisen, wird dieses Subkriterium dahingehend modifiziert, daß nach den jeweils dominierenden statischen Elementen gefragt wird: Besteht beispielsweise von einer anklickbaren Grafik aus eine Verbindung zu einer Seite, auf der Text dominiert, so wird dem Subkriterium "formale Vernetzung" beim statischen Element "Bild/ Grafik" die Ausprägung "Bild/ Grafik→Text" zugesprochen; besteht (u.U. zusätzlich) ein umgekehrtes Verhältnis, so lautet die "formale Vernetzung" des Elements "Text": "Text→Bild/Grafik".

(c) Interface-Ebene

Auf der Ebene des Interface ist zu unterscheiden zwischen Navigationsfragen an sich, verbunden mit den sogenannten Navigationsinstrumenten, und deren formaler Organisation auf dem Bildschirm.

- Das bereits mehrmals angesprochene Massenproblem legt die Frage nach einem "Standortkonzept" nahe, mittels dessen dem Nutzer Orientierung vermittelt wird: "Wo stehe ich?"; "Wie bin ich hierher gekommen?"; und "Wohin kann ich von hier aus gehen?"[48] Diese Fragen sind in sämtlichen Ausdifferenzierungen des Kriteriums "Navigation" virulent.

- Das Problem des "Lesens von Strukturen", als Sub-Problem von "Sinnzusammenhang", sowie die Determinierungsproblematik werfen die Frage auf, wie die Organisation der Seiten präsentiert (im Sinne von visualisiert) wird. Diese Frage wird als Subkriterium von "Navigation" angelegt, wobei internetspezifisch unterschieden werden kann zwischen (erstens) Rubriken auf der Startseite und (zweitens) permanenten Rubriken auf jeder Seite bzw. (hierarchieabhängig) auf ausgewählten Seiten. Als Sonderform von "Präsentation der Organisation der Seiten" kann (drittens) ein Plan des Internet-Auftritts auf einer gesonderten Seite gelten, wobei hier zwischen Plänen mit und ohne direkte Link-Möglichkeit zu unterscheiden ist. Eine weitere Möglichkeit besteht (viertens) darin, auf einer Seite ihren Platz innerhalb der Hauptordnung anzudeuten, etwa durch Numerierung oder visuelle Mittel.

- Das Problem der "informationellen Kurzsichtigkeit", als Sub-Problem von "Sinnzusammenhang", verweist auf die Frage, wie Links präsentiert werden. Diese Frage wird ebenfalls als Subkriterium von "Navigation" konzipiert, da sie das faktische Wesen der Links an sich nicht betrifft. Hier ist auf zwei Ebenen zu unterscheiden zwischen expliziten und impliziten und textlichen und nicht-textlichen Links. "Explizite" Links sind solche, deren Verbindungsziel genannt wird, so daß der Nutzer weiß, wohin er bei Aktivierung eines Links gelangen wird (z.B. das per Unterstreichung als Link gekennzeichnete Wort "Pressemeldungen"). "Implizite" Links hingegen lassen den User zunächst im Unklaren über ihr Ziel. "Textliche" Links können innerhalb von Fließtexten auftreten und sind in HTML üblicherweise durch Unterstreichung und Farbe gekennzeichnet. "Nicht-textliche" Links können unterteilt werden in "Image

---

[48] Vgl. Hannemann/ Thüring 1994, S. 38.

Maps", das sind Bilder bzw. Grafiken, innerhalb derer bestimmte Felder angeklickt werden können[49], und bildlich illustrierte Metaphern (z.B. "Bibliothek", "Showroom", "Kiosk"), die meist in Form sogenannter "Buttons" (ebenfalls eine Metapher!) visualisiert werden.

- Die Frage nach der formalen Organisation der Navigationshilfen auf dem Bildschirm im Verhältnis zum eigentlichen Inhalt ergibt sich aus den Problemen "Orientierung über Orientierungsmittel" und "Dominanz von Orientierungsmitteln" sowie aus dem Problem des Verhältnisses informativer und referenzierender Teile. Hier ist im Sinne von "Layout" zu fragen, wie die Navigationsinstrumente zueinander und zum eigentlichen Inhalt angeordnet sind.

Zusammenfassend lassen sich die Analysekriterien "Links" und "Navigation", die gemeinsam mit dem Kriterium "Organisation der Seiten" die Option "Netz" als Leitkriterien konstituieren, in folgende Subkriterien aufteilen:

Links

• Verbindung von Inhalten über Links
 ♦ Reichweite der Links
   - Internet-Auftritts-intern
   - Anbieter-intern
   - Anbieter-extern

• = inhaltliches Subkriterium   ♦ = formales Subkriterium

Navigation

♦ Präsentation der Organisation der Seiten
   - Rubriken
   - Organisationsplan
   - Positionsandeutung auf Seiten
 ♦ Präsentation von Links
   - Kennzeichnung von Links
   - Form der Links
 ♦ formale Organisation der Navigationsinstrumente

• = inhaltliches Subkriterium   ♦ = formales Subkriterium

---

[49] Vgl. Rohner 1997, S. 54 f.

Des weiteren ergibt sich bei den nicht rein formalen statischen Elementen "Text", "Bild/ Grafik", "Ton" und "Animation" jeweils das Subkriterium "formale Vernetzung", das sich in Verbindung mit den unter "Medienformenintegration" diskutierten Subkriterien zu folgendem Kriterienkatalog verbindet:

Übersicht: statische Elemente "Text", "Bild/ Grafik", "Ton", "Animation"

• Thematisierung des Anbieters
• Thematisierung der Interessen/ Tätigkeiten/ Produkte/ Dienstleistungen etc.
• Themen außerhalb des Anbieters und seiner Interessen/ Tätigkeiten/ Produkte/ Dienstleistungen etc.
• inhaltliche Vernetzung des statischen Elements
    - Metakontextualität
    - Kontextualisierbarkeit
♦ formale Vernetzung des statischen Elements
   (Verbindung mit statischen Elementen)
♦ Form des statischen Elements

• = inhaltliches Subkriterium   ♦ = formales Subkriterium

Mit Bezug auf den Nutzer wird die (relative) Freiheit, die sich aus der Vernetztheit von Informationseinheiten ergibt, häufig mit dem Begriff "Interaktivität" belegt. Wie der folgende Abschnitt zeigt, kann das Medium jedoch auch in verschiedenen anderen Dimensionen als "interaktiv" bezeichnet werden, weshalb "Interaktivität" hier sowohl von "Netz" als auch von "Medienformenintegration" unterschieden und als eigene Option konzeptualisiert wird.

4. Interaktivität

Der Begriff "Interaktivität" ist, obwohl Schlüsselbegriff in vielen Ansätzen, keineswegs einheitlich definiert. Drei typische Muster der Definition von "Interaktivität" im Zusammenhang mit Online-Netzwerken sind erkennbar, deren Komplexität (aber auch Unschärfe bzw. Bedeutungsspektrum) in der nachfolgend aufgeführten Reihenfolge zunimmt: technisch-deskriptive, pragmatisch-funktionsorientierte und "philosphisch"-interpretative Definitionen:

(a) Technisch-deskriptive Definitionen: "Interaktiv" sind hiernach solche "Programme oder Environments, die in der Lage sind, Feedback zu geben, zu antworten und zu reagieren"[50]. "Interaktivität" gilt dann als "direkter Rückkopplungsprozeß, bei dem das Medium auf die gezielten Fragen oder Befehle des Nutzers eine spezifische Antwort oder Reaktion zeigt"[51].

(b) Pragmatisch-funktionsorientiert kann "Interaktivität" als Möglichkeit des Nutzers bezeichnet werden, bestimmte Informationen oder Darstellungsformen auszuwählen bzw. als Möglichkeit, in den Nutzungsablauf einzugreifen und diesen zu gestalten, unter anderem, indem er die Informationen ausblenden kann, die er nicht wünscht.[52] Ähnlich definiert der Deutsche Multimedia-Verband "Interaktivität" als Möglichkeit, entweder selbst selektieren oder, auf einer höheren Stufe, selbst den Inhalt beeinflussen zu können.[53]

(c) "Philosophisch"-interpretativ betrachtet fungiert "Interaktivität", meist auf einer Stufe mit "Nicht-Linearität" und "Multimedialität", paradigmatisch als Merkmal des Mediums Internet, das als Grundlage für Spekulationen über die Wirkung des Mediums auf den Nutzer herangezogen wird. Rötzer (1995) etwa vergleicht interaktive Medien im hier gemeinten Sinne mit "Spielen" und stellt fest: "Während die Aufmerksamkeit der Zuschauer im Fernsehen und im Film durch die Steigerung der Geschwindigkeit, den schnellen Bildwechsel und die Handlung gegeben werden soll, entsteht bei den Spielen ein anderes Maß: IPM - Interactions per minute - sollen den Spieler fesseln. Je schneller der Spieler handeln muß und je mehr und vielfältigere Entscheidungen er treffen muß, desto besser wird er in das Spiel hineingezogen."[54]

Im Zusammenhang mit Online-Netzwerken wird "Interaktivität" vielfach mit dem Begriff "Interaktion" gleichgesetzt oder zumindest als "Möglichkeit zur Interaktion" bezeichnet.[55] Problematisch bei begrifflichen Synchronisationen dieser Art ist, daß die theoretischen Implikationen, die im Mutterbegriff "Interaktion" als Resultate jahrzehntelanger theoretischer Diskurse (vor allem in der Soziologie,

---

[50] Oenicke 1996, S. 185.
[51] Hünerberg/ Heise/ Mann 1996, S. 304.
[52] Vgl. Huly/Raake 1995, S. 21 u. 27.
[53] Felsenberg 1996, S. 57.
[54] Rötzer 1995, S. 57 f. u. 60.
[55] Siehe z.B. Höflich 1994; Thiel 1994; Rötzer 1995; Huly/Raake 1995.

der Sozialpsychologie und der Psychologie[56]) bereits angelegt sind, nicht auf das internet-bezogene Konzept von "Interaktivität" übertragen werden. Ein Rückgriff auf den übergeordneten Bezugsrahmen "Interaktion" ist hier nicht sinnvoll, weil Interaktion - als wechselseitiges, aufeinander bezogenes Handeln zwischen Individuen bzw. in Gesellschaft - als eine wichtige Funktion von Medien eingestuft werden kann, die sich durch verschiedene medienspezifische Optionen realisieren läßt: im Fall des Internet also nicht nur durch "Interaktivität", sondern auch durch die anderen spezifischen Optionen.

Eine solche notwendige Abgrenzung von "Interaktivität" gegenüber "Interaktion" legitimiert das hier zugrunde gelegte Verständnis von "Interaktivität" als einer dem Medium zuzusprechenden Option unter Ausblendung soziologischer Aspekte: "Interaktivität" soll hier verstanden werden als Möglichkeit für den Nutzer, in welcher Form auch immer Einfluß auf das Medienprodukt zu nehmen - quasi als Möglichkeit zum Dialog zwischen Nutzer und Internet-Auftritt, aufgrund dessen etwas mit dem Medienprodukt (und in der Konsequenz auch mit dem Nutzer) "passiert". Entscheidend ist, daß diese Möglichkeit im Internet-Auftritt als Medienprodukt selbst angelegt ist. Diese Definition abstrahiert pragmatisch-funktionsorientierte Ansätze und überwindet gleichzeitig die Unbestimmtheit "philosophisch"-interpretativer Argumentationen. Ebenso lassen sich Vorgänge interpersonaler Kommunikation (z.B. in Chat-Foren) in dieses Verständnis von "Interaktivität" integrieren - wobei anzumerken ist, daß interpersonale Kommunikation, die sich über das Internet vollzieht, außerhalb der Betrachtung von Medienprodukten sehr wohl als "Interaktion" identifiziert werden kann, was hier jedoch nicht Gegenstand der Untersuchung ist.

Um die Option "Interaktivität" mittels internet-spezifischer Kriterien zu erfassen, wird ein gleichlautendes Analysekriterium eingeführt, das als Leitkriterium für diese Option fungiert. Hierzu wird auf vier "Dimensionen" von "Interaktivität" zurückgegriffen, die Heeter (1989) im Rahmen einer mehrdimensionalen Definition einführt und die je nach Grad der Interaktivität in unterschiedlicher Ausprä-

---

[56] Vgl. als Überblick Busch 1984; Ottomeyer 1987; Oswald 1989; Krappmann 1989; Reinhold 1991, S. 275 f.; Graumann 1994.

gung vorliegen können[57]: (1) "complexity of choice availible" (Komplexität der Auswahlmöglichkeiten); (2) "responsiveness to the user" (Reaktionsfähigkeit des Mediums in Bezug auf den Nutzer); (3) "ease of adding information" (Grad der Möglichkeit, auch von Nutzerseite Informationen in ein Medium einzuspeisen, welche dann auch den anderen Nutzern zugänglich sind); und (4) "facilation of interpersonal communication" (Möglichkeiten interpersonaler Kommunikation über das Medium). Diese Dimensionen werden im folgenden zu vier Subkriterien umgewertet, denen unter Rückgriff auf medium-spezifische Eigenschaften des Internet (idealtypische) Ausprägungen zugeordnet werden. Die Subkriterien schließen einander nicht aus, können jedoch in unterschiedlicher Intensität auftreten.

Interaktivität

- ●/♦ Komplexität der Auswahlmöglichkeiten
- ●/♦ Reaktionsfähigkeit des Mediums auf den User
- ●/♦ Möglichkeit, Informationen einzuspeisen
- ●/♦ Möglichkeiten interpersonaler Kommunikation

● = inhaltliches Subkriterium   ♦ = formales Subkriterium

Beim ersten Subkriterium "Komplexität der Auswahlmöglichkeiten" geht es um mögliche Befehle, die der Nutzer zu einem identifizierbaren Zeitpunkt im Nutzungsvorgang (d.h. an einer bestimmten Stelle des Auftritts) erteilen kann, sofern dies den Nutzungsablauf verändert: z.B. die Möglichkeit, an eine andere Stelle

---

[57] Vgl. Heeter 1989, S. 221 ff. (Übersetzung zit. n. Zerfaß/ Fietkau 1997, S. 40) - Heeter benennt zwei weitere Dimensionen: "Effort users must expect" (Grad der Anstrengung, den der Rezipient aufbringen muß, um an Informationen zu gelangen) und "Monitoring information use" (Möglichkeit, die Nutzung eines interaktiven Mediums zu messen). Diese beiden Dimensionen werden hier nicht zur Bildung der Subkriterien für "Interaktivität" herangezogen. Die Anstrengung, die der Rezipient aufbringen muß, um an Informationen zu gelangen, wird nicht nur durch "Interaktivität" generiert, sondern auch durch andere Elemente: zum Beispiel Eigenschaften des Textes oder der Grafiken, die Organisation der Elemente auf einer Seite oder die Organisation der Seiten. Und die Möglichkeit, die Nutzung eines interaktiven Mediums zu messen, spielt, sofern nicht ohnehin nur als pragmatisches Argument i.S. von "Erfolgskontrolle" kommunizierender Instanzen im Rahmen interessengeleiteter Kommunikation verwendet, eine Rolle im übergeordneten Bezugsrahmen der Kommunikation zwischen Anbieter und User, der jedoch außerhalb des Mediums liegt.

des Internet-Auftritts zu navigieren. Um die "Komplexität" eines Internet-Auftritts zu bestimmen, soll nach der Zahl und der Art vorhandener Auswahlmöglichkeiten gefragt werden.

Interaktivität/ Komplexität der Auswahlmöglichkeiten
•/♦ Komplexität der Auswahlmöglichkeiten • Art der Auswahlmöglichkeiten ♦ Zahl der Auswahlmöglichkeiten
• = inhaltliches Subkriterium   ♦ = formales Subkriterium

Inhaltlich lassen sich Auswahlmöglichkeiten in Internet-Auftritten in drei Alternativen klassifizieren: erstens Navigieren (z.b. weitergehen innerhalb des Auftritts oder den Auftritt verlassen); zweitens Feedback geben (z.b. eine E-Mail abschicken); drittens Sonder-Optionen wahrnehmen (z.b. einen Datei-Download vornehmen). Je mehr verschiedene Auswahlmöglichkeiten existieren, desto stärker ist nach dieser Systematik die komplexitätsbedingte "Interaktivität" an einer Stelle im Internet-Auftritt ausgeprägt. In umfangreicheren Internet-Auftritten ist dieser Wert natürlich für verschiedene Stellen unterschiedlich. Je mehr Auswahlmöglichkeiten, unabhängig von ihrer Form, es gibt (Zahl), desto höher ist der Grad an Interaktivität. "Interaktivität" bedeutet hier, daß der Nutzer in den Grenzen der Programmierung durch den Anbieter sein eigenes Medienprodukt konstituiert.[58]

Mit dem zweiten Subkriterium von "Interaktivität", "Reaktionsfähigkeit des Mediums auf den User", verbindet sich die Frage, inwiefern eine Anwendung in der Lage ist, sich auf das individuelle Verhalten des Nutzers während seines "Besuchs" eines Internet-Auftritts einzustellen.[59] "Reaktionsfähigkeit" bedeutet, daß der Internet-Auftritt andere Inhalte vermittelt oder Formen annimmt, je nachdem, wie sich der User verhält. Das "Verhalten" des Users kann, für diesen bewußt, in Form einer Abfrage vor Beginn der Nutzung oder an bestimmten Stellen der Nutzung geschehen oder, vom Nutzer unbemerkt, anhand dessen Aktionen durch den Internet-Auftritt quasi eigenständig ermittelt werden. Eine einfache

---

[58] Dieser Effekt wird im Rahmen der Auseinandersetzung mit der Option "Netz" thematisiert. An dieser Stelle ist, in bezug auf "Interaktivität", lediglich das Vorhandensein von Auswahlmöglichkeiten bedeutsam.

[59] Ein solcher Sachverhalt wird häufig als eine "höhere Stufe" von Interaktivität bezeichnet (vgl. z.B. Schrage 1995, S. 249); im vorliegenden Zusammenhang fungiert "Responsiveness" jedoch auf einer Stufe mit den übrigen Subkriterien von "Interaktivität".

Form von "Responsiveness" findet sich beispielsweise im Internet-Auftritt von Greenpeace, wo der Nutzer Geräusche erraten muß und darüber informiert wird, ob seine Antwort richtig oder falsch war. Technische Voraussetzung für "Reaktionsfähigkeit" ist ein mehr oder weniger komplexer programmierter Algorithmus, der bestimmte Aktionen des Nutzers als Variablen interpretiert und auf deren Grundlage den Ablauf der "Sitzung" steuert. Die technischen Möglichkeiten sind hierbei vielfältig, so daß es als wenig sinnvoll erscheint, weitere Subkriterien oder konkrete Ausprägungen vorzugeben. Vielmehr soll "Responsiveness to the user" für jeden zu untersuchenden Internet-Auftritt individuell gemäß der hier getroffenen Definition bestimmt werden.

Die Möglichkeit, Informationen in einen Internet-Auftritt einzuspeisen[60], die dann - das ist für dieses Subkriterium entscheidend - auch anderen Nutzern zugänglich sind, kann dem Nutzer auf verschiedene Weise gegeben werden. In diesem Fall wird das Medienprodukt, der Internet-Auftritt, ständig durch seine Nutzer umgestaltet oder erweitert. Es ist danach zu fragen, ob und wieweit ein Internet-Auftritt dies inhaltlich und formal zuläßt: Auf der inhaltlichen Ebene geht es um die hinzufügbaren Inhalte selbst; auf der formalen Ebene geht es darum, wer Inhalte hinzufügen darf, in welcher Form und in welchem Umfang.

Interaktivität/ Möglichkeit Informationen einzuspeisen
●/♦ Möglichkeit, Informationen einzuspeisen 　　● hinzufügbare Inhalte 　　♦ autorisierte Nutzer 　　♦ Form hinzufügbarer Inhalte 　　♦ vorgegebener Maximal-Umfang
● = inhaltliches Subkriterium　　♦ = formales Subkriterium

---

[60] Gemeint ist hier, daß ein Nutzer Informationen in das Medienangebot eines Anbieters einspeisen kann. Behauptungen, die traditionelle Trennung von Anbieter und Nutzer sei im Internet komplett hinfällig, weil prinzipiell jeder in Form einer eigenen Homepage zum Anbieter werden könne, treffen zu, helfen an dieser Stelle jedoch nicht weiter: Betrachtet man den Vorgang der Nutzung eines Angebots im Internet, so ist hinter diesem Angebot, gefaßt als zusammenhängende Einheit von Informationen (z.B. im Internet-Auftritt), stets ein Anbieter identifizierbar - wenn auch unter Umständen nicht namentlich, so doch in seiner Funktion als Anbieter. Ebenso läßt sich der Nutzer als logische Einheit innerhalb des Kommunikationsvorgangs vom Anbieter unterscheiden. Daß beide die Rollen tauschen können, ist an dieser Stelle nicht von Bedeutung.

Bei den hinzufügbaren Inhalten kann, ähnlich wie bei den inhaltlichen Dimensionen der statischen Elemente, unterschieden werden zwischen (1) Inhalten zur Person bzw. Institution des Anbieters, (2) Inhalten zu Themen, die dem Anbieter, seinen Interessen, seiner Tätigkeit, seinen Produkten oder Dienstleistungen verwandt sind, sowie (3) Inhalten zu Themen, die außerhalb der Interessen, Aufgaben oder Tätigkeiten des Anbieters liegen. Die Frage, welche Nutzer Inhalte hinzufügen dürfen, läßt sich prinzipiell mit zwei Möglichkeiten beantworten: entweder potentiell jeder Nutzer oder eine definierte Gruppe. Bei den Formen, in denen Inhalte hinzugefügt werden können, wird unterschieden zwischen (1) textlichen Notizen (Kommentare, Anmerkungen etc.), (2) Dateien, die dann von anderen Nutzern heruntergeladen werden können, (3) Fotos, Grafiken, Karikaturen oder ähnlichem, (4) Ton-Sequenzen und (5) Bild-Sequenzen. Technisch gesehen handelt es sich freilich bei allen genannten Formen um Dateien. Maßgeblich ist hier, welche Erscheinungsform sie auf der Oberfläche des Browsers annehmen.

"Möglichkeiten interpersonaler Kommunikation", die mit dem vierten Subkriterium von "Interaktivität" erfaßt werden, können inhaltlich nach dem gleichen Schema klassifiziert werden wie die statischen Elemente "Text", "Bild/ Grafik", "Ton" und "Animation": Thematisierung des Anbieters, Thematisierung seiner Interessen, Tätigkeiten, Produkte, Dienstleistungen etc. und Themen außerhalb des Anbieters und seiner Interessen - wobei jeweils zwischen allgemeiner und spezieller Thematisierung unterschieden wird. Auf der formalen Ebene ist nach dreierlei zu fragen: nach den Formen, in denen sich die Möglichkeiten interpersonaler Kommunikation in einem Internet-Auftritt offenbaren; nach der Zahl der potentiell beteiligten Personen; und nach der Zeitstruktur der interpersonalen Kommunikation. Außerdem spielt die Frage eine Rolle, ob interpersonale Kommunikation, sofern sie sich nicht zwischen dem Anbieter und dem Nutzer, sondern zwischen Nutzern vollzieht, durch den Anbieter moderiert wird.

Interaktivität/ Möglichkeiten interpersonaler Kommunikation

•/♦ Möglichkeiten interpersonaler Kommunikation
    • interpersonale Kommunikation mit Thematisierung der Person/ Institution des Anbieters
    • interpersonale Kommunikation mit Thematisierung der Interessen/ Tätigkeiten/ Produkte/ Dienstleistungen o.ä. des Anbieters
    • interpersonale Kommunikation mit Themen außerhalb der Interessen/ Tätigkeiten/ Produkte/ Dienstleistungen etc. des Anbieters
    ♦ Formen interpersonaler Kommunikation
    ♦ Zahl potentiell beteiligter Personen
    ♦ Zeitstruktur interpersonaler Kommunikation
    ♦ Moderation interpersonaler Kommunikation durch den Anbieter

• = inhaltliches Subkriterium   ♦ = formales Subkriterium

Als Formen interpersonaler Kommunikation im Internet sind rein textvermittelte, auditive und visuelle Kommunikation zu unterscheiden, die sich freilich auch miteinander kombinieren lassen: Text im Sinne typographischer Zeichen (z.B. E-Mail); Ton (z.B. Übertragung eines Ton-Files über einen FTP-Server oder E-Mail-Dienst); Standbild (z.B. Übertragung eines Fotos nach ähnlichem Schema); und Bewegtbild (z.B. in Verbindung mit Ton, als "Bildtelefonat"[61]). Je mehr dieser Formen in Kombination auftreten, desto "interaktiver" ist der Internet-Auftritt in dieser formalen Dimension. Im Hinblick auf die Zahl der potentiell beteiligten Personen interpersonaler Kommunikation im Internet soll hier unterschieden werden zwischen zwei und mehr als zwei Personen, wobei bei letztgenannter Ausprägung zu prüfen ist, ob die Zahl der Personen beschränkt ist. Im Hinblick auf die Zeitstruktur sind ebenfalls zwei Varianten denkbar: simultane und zeitversetzte interpersonale Kommunikation.

---

[61] Ein Bildtelefonat über das Internet ist medientheoretisch nicht dem Medium Telefon, sondern dem Medium Internet zuzuordnen, weil sich derartige Kommunikation, die über das Internet abläuft, in verschiedener Hinsicht von herkömmlicher Telefon-Kommunikation unterscheidet und neue Nutzungsoptionen bietet: Genannt sei hier exemplarisch die Möglichkeit, die übertragenen Informationen individuell zu bearbeiten (z.B. abzuspeichern) oder das übertragene Bild eines Kommunikationspartners im gewünschten Format und an gewünschter Stelle auf dem Bildschirm erscheinen zu lassen.

Es ist evident, daß "Chat-Foren", die häufig das wichtigste "interaktive" Element von Internet-Auftritten darstellen, mit zwei Subkriterien erfaßt werden: Unter "Möglichkeiten, Informationen einzuspeisen" fällt ein Chat-Forum, wenn Beiträge von Nutzern über den Zeitpunkt der Kommunikation hinaus dokumentiert werden; gleichzeitig ermöglicht ein Chat-Forum "interpersonale Kommunikation".

Zusammenfassend lassen sich die Subkriterien von "Interaktivität", des komplexesten Einzelkriteriums dieses Ansatzes, folgendermaßen systematisieren:

Interaktivität

•/♦ Komplexität der Auswahlmöglichkeiten
    - Art der Auswahlmöglichkeiten
    - Zahl der Auswahlmöglichkeiten
•/♦ Reaktionsfähigkeit des Mediums auf den User
•/♦ Möglichkeit, Informationen einzuspeisen
    - hinzufügbare Inhalte
    - autorisierte Nutzer
    - Form hinzufügbarer Inhalte
    - vorgegebener Maximal-Umfang
•/♦ Möglichkeiten interpersonaler Kommunikation
    - interpersonale Kommunikation mit Thematisierung der Person/ Institution des Anbieters
    - interpersonale Kommunikation mit Thematisierung der Interessen/ Tätigkeiten/ Produkte/ Dienstleistungen etc. des Anbieters
    - interpersonale Kommunikation mit Themen außerhalb der Interessen/ Tätigkeiten/ Produkte/ Dienstleistungen etc. des Anbieters
    - Formen interpersonaler Kommunikation
    - Zahl potentiell beteiligter Personen
    - Zeitstruktur interpersonaler Kommunikation
    - Moderation interpersonaler Kommunikation durch den Anbieter

• = inhaltliches Subkriterium   ♦ = formales Subkriterium

5. Globalität

Die historisch-technisch bedingte Infrastruktur des Internet als dezentraler Zusammenschluß verschiedener Netzwerke, der sich über mehrere Länder und Kontinente erstreckt, hat dazu geführt, daß in der Diskussion über das Internet ein "Globalitäts"-Paradigma entstand, das sowohl in ökonomisch-pragmatischen als auch in (medien-)kritisch-idealistischen Ansätzen aufgegriffen wurde.[62] Um "Globalität" als internet-spezifische Nutzungsoption zu präzisieren, ist es erforderlich, bestimmte Implikationen dieses Paradigmas auszugrenzen.

Besonders die Einschätzung, Kommunikationsangebote, die auf vernetzten Computern basieren, seien "potentiell jedem zugänglich - d.h. öffentlich"[63], mit der sich idealistische Hoffnungen auf einen partizipativ-emanzipatorischen Mediengebrauch in der Tradition von Brecht und Enzensberger verbanden, führte auch bei der Diskussion über Nutzungsmöglichkeiten des Internet zum Paradigma "virtueller Gemeinschaften" und einer "neuen Form von Öffentlichkeit": Nicht der Standort der Kommunikationspartner sei entscheidend, sondern "das gemeinsame Interesse"[64]. Dem ist entgegenzuhalten, daß dieses Phänomen an sich, zumal im Hinblick auf Medien, nicht neu ist. Medien konstituieren Öffentlichkeiten, die nicht grundsätzlich an Raum und Zeit gebunden sind, sondern (unter anderem) an geteilte Interessen und "gemeinsames" Erleben: die Abonnenten einer international verbreiteten Fachzeitschrift, die Hörer der "Deutschen Welle" überall in der Welt oder die Zuschauer eines internationalen Fernsehsenders wie "CNN". In

---

[62] Drei Beispiele aus ökonomisch-pragmatischer Perspektive: Oenicke (1996) stellt sein vielzitiertes Modell "interaktiver digitaler Datenkommunikation" in einen "globalen Kontext" (a.a.O., S. 64); Zerfaß/ Fietkau (1997) betonen die lokale, regionale oder globale Reichweite von Internet-Kommunikation als eines der kommunikationstheoretischen Merkmale, die sich aus betriebswirtschaftlicher Perspektive im Hinblick auf Kommunikationsziele operationalisieren lassen (a.a.O., S. 38); und Werner/ Stephan (1997) nennen als Beispiel die direkte Weitergabe von PR-Material nicht nur an Journalisten, sondern auch an Enduser (a.a.O., S. 110). Aus (medien-)kritisch-idealistischer Perspektive verweist z.B. Maresch (1996) auf die Unmöglichkeit "normativer Öffentlichkeit" angesichts der "Bitstreams signalverarbeitender technischer Medien" (a.a.O., S. 13); und Faßler (1996) wirft die Frage auf, wie "Öffentlichkeit" entstehen könne, wenn sie sich nicht mehr auf relativ stabile soziale Gruppen oder Interessen beziehe. Weniger kritisch-normativ spricht Mitchell (1997) allgemein von einer "neuen Ökonomie der Präsenz".

[63] Höflich 1994, S. 390.

[64] Brückmann 1995, S. 178.

diesem Sinne entstehen "Gemeinschaften" bei der Nutzung von Medien, was auch auf das Internet zutrifft, jedoch an sich nicht als Spezifikum dieses Mediums gelten kann.

Das eigentlich Spezifische des Mediums Internet im Hinblick auf "Globalität" ist nicht zu erfassen ohne Berücksichtigung zweier Prozesse, die sich außerhalb des Gegenstandsbereichs dieser Arbeit, der Internet-Auftritte, vollziehen: (1) der Austausch von Informationen, Nachrichten, Meinungen etc. zwischen Nutzern in aller Welt, der in thematisch spezialisierten Foren (Newsgroups) abläuft, und zwar (potentiell) simultan; und (2) der Transfer von Dateien, Bildern, Tabellen, Akten usw. auf ähnlichem Wege. Beide Prozesse können hier nicht untersucht werden und sind für die Option "Globalität", die sich auf Internet-Auftritte bezieht, nur insofern relevant, als Internet-Auftritte ggf. den Zugang zu diesen Prozessen ermöglichen oder auf die Existenz entsprechender Foren aufmerksam machen - beispielsweise der in Kapitel IV (Punkt 6) analysierte Internet-Auftritt der SPD mit dem Titel "Virtueller Ortsverein".

Auf der Ebene von Internet-Auftritten selbst realisiert sich "Globalität" im dargelegten Sinne über den Inhalt: Um "Globalität" als medium-spezifische Nutzungsoption anzubieten, muß ein Internet-Auftritt solche Inhalte transportieren, die am "Zielort" in dieser Form, zu diesem Zeitpunkt und auf anderen Wegen nicht "erhältlich" sind. Deshalb wird die Option "Globalität" hier um die Begriffe "Distribution" und "Verfügbarkeit" ergänzt, um die Bedeutung der Option auch auf ein einzelnes Land beziehen zu können: Der Anbieter eines Internet-Auftritts hat die Möglichkeit, bestimmte Inhalte über das Internet als genuinen Distributionsweg zu verbreiten; der Nutzer hat die Möglichkeit, auf bestimmte Inhalte zuzugreifen, die ihm auf anderem Wege oder mit dem gleichen Zeithorizont nicht zugänglich wären. In "Globalität/ Distribution/ Verfügbarkeit" ist somit auch der Zeitfaktor aufgelöst; dieser ist jedoch nur dann für die Option relevant, wenn die Inhalte im Internet mit einem Zeitvorsprung gegenüber anderen Medien verbreitet werden.

Die Inhalte an sich sind über die inhaltlichen Dimensionen der statischen Elemente zu erfassen: Welche Textpassage, welches Foto, welche Audio- oder Video-Sequenz wird verfügbar gemacht? Die Kriterien, welche die statischen Elemente in ihrer inhaltlichen Dimension erfassen, fungieren als Leitkriterien für die Option "Globalität". Auf der gleichen Ebene, als weiteres Leitkriterium, ist die Frage bedeutsam, wie diese Elemente verfügbar gemacht werden. Dies läßt sich über das dynamische Element "Service" erfassen. Mit "Service", einem der pragmatischen Diskussion entlehnten Begriff, sind internet-spezifische technische Funktionalitäten gemeint, die in Internet-Auftritten enthalten sein können und dazu dienen, dem Nutzer die angebotenen Inhalte medium-gerecht zugänglich zu machen. Hier kann unterschieden werden in (1.) Bestell-Optionen[65], (2.) Download-Optionen, (3.) Verbindungen zu verwandten Institutionen und (4.) gesonderte Foren, die der Informationsbefriedigung bestimmter Zielgruppen dienen. Diese Elemente werden als mögliche Ausprägungen des Leitkriteriums "Service" angelegt.

6. Kriterien für die Analyse von Internet-Auftritten

Aus der in diesem Kapitel geführten Diskussion der Leitkriterien im Zusammenhang mit den medium-spezifischen Nutzungsoptionen "Medienformenintegration", "Netz", "Interaktivität" und "Globalität/ Distribution/ Verfügbarkeit" läßt sich der folgende Kriterienkatalog aufstellen, der in dieser Arbeit für die Analyse von Internet-Auftritten herangezogen werden soll.

statische Elemente

"Text", "Bild/ Grafik", "Ton", "Animation"

- Thematisierung des Anbieters
- Thematisierung der Interessen/ Tätigkeiten/ Produkte/ Dienstleistungen etc.
- Themen außerhalb des Anbieters und seiner Interessen/ Tätigkeiten/ Produkte/ Dienstleistungen etc.
- inhaltliche Vernetzung des statischen Elements
    - Metakontextualität
    - Kontextualisierbarkeit
- ♦ formale Vernetzung des statischen Elements (Verbindung mit statischen Elementen)
- ♦ Form des statischen Elements

Farbe

- ♦ Variabilität des Farbeinsatzes
- ♦ dominante Farbtöne

● = inhaltliches Subkriterium   ♦ = formales Subkriterium

---

[65] "Option" wird bei der Benennung der hier definierten Service-Elemente ausnahmsweise im Sinne einer technischen Funktionalität und nicht im Sinne einer medium-spezifischen Nutzungsoption (z.B. "Globalität") gebraucht. Dies geschieht mit Rücksicht auf sprachliche Konventionen in der Computertechnik.

dynamische Elemente

Links

- Verbindung von Inhalten über Links
- ♦ Reichweite der Links
  - Internet-Auftritts-intern
  - Anbieter-intern
  - Anbieter-extern

Navigation

- ♦ Präsentation der Organisation der Seiten
  - Rubriken
  - Organisationsplan
  - Positionsandeutung auf Seiten
- ♦ Präsentation von Links
  - Kennzeichnung von Links
  - Form der Links
- ♦ formale Organisation der Navigationsinstrumente

Interaktivität

- •/♦ Komplexität der Auswahlmöglichkeiten
  - Art der Auswahlmöglichkeiten
  - Zahl der Auswahlmöglichkeiten
- •/♦ Reaktionsfähigkeit des Mediums auf den User
- •/♦ Möglichkeit, Informationen einzuspeisen
  - hinzufügbare Inhalte
  - autorisierte Nutzer
  - Form hinzufügbarer Inhalte
  - vorgegebener Maximal-Umfang
- •/♦ Möglichkeiten interpersonaler Kommunikation
  - interpersonale Kommunikation mit Thematisierung der Person/ Institution des Anbieters
  - interpersonale Kommunikation mit Thematisierung der Interessen/ Tätigkeiten/ Produkte/ Dienstleistungen o.ä. des Anbieters
  - interpersonale Kommunikation mit Themen außerhalb der Interessen/ Tätigkeiten/ Produkte/ Dienstleistungen etc. des Anbieters
  - Formen interpersonaler Kommunikation
  - Zahl potentiell beteiligter Personen
  - Zeitstruktur interpersonaler Kommunikation
  - Moderation interpersonaler Kommunikation durch den Anbieter

• = inhaltliches Subkriterium   ♦ = formales Subkriterium

Organisation
Organisation der Elemente
♦ optisch-räumlich •/♦ erzählerisch-integrativ
Organisation der Seiten

III. MEDIUM-SPEZIFISCHE NUTZUNGSOPTIONEN IM INTERNET-AUFTRITT VON GREENPEACE DEUTSCHLAND

Beim Internet-Auftritt der Organisation Greenpeace Deutschland (http://www. greenpeace.de) handelt es sich um den formal und inhaltlich umfangreichsten, komplexesten und in seiner Verwendung internet-spezifischer Elemente am weitesten entwickelten Auftritt unter denen, die im Rahmen dieser Arbeit analysiert werden. Auf 464 "Seiten" präsentiert die Organisation sich selbst und ihre Tätigkeiten sehr ausführlich und inhaltlich stark ausdifferenziert. Hierbei kommen sämtliche statischen Elemente zum Einsatz: Text, Bild/ Grafik, Ton, Animation und Farbe. Ebenso lassen sich für die dynamischen Elemente Service, Links, Navigation und Interaktivität signifikante Ausprägungen feststellen. Im folgenden werden in einem ersten Schritt die einzelnen Kriterien in ihren konkreten Ausprägungen beschrieben. Hierbei werden die beiden übergeordneten Kriterien "Organisation der Elemente" und "Organisation der Seiten" vorweggenommen, weil sie einen systematischen Überblick über den gesamten Internet-Auftritt ermöglichen. In einem zweiten Schritt wird aufgezeigt, wie sich im vorliegenden Internet-Auftritt medium-spezifische Nutzungsoptionen durch Kombinationen von Kriterienausprägungen ergeben.

1. Kriterien

Der Internet-Auftritt ist in sechs Rubriken gegliedert, die von der Homepage (001) aus über anklickbare, farbig unterschiedene Felder zugänglich sind: "Redaktion aktuell" (Startseite: 002), "Themen und Kampagnen" (033), "Machen Sie Mit!" (253), "Kids" (289), "Service Online" (379) und "Weltweit" (460). "Redaktion aktuell" ist allerdings weniger als echte Rubrik, sondern eher als alternativer, themenorientiert gebündelter Zugriff auf bestimmte Stellen des Auftritts zu verstehen: Sogenannte "Specials" mit Links zu thematisch verwandten Seiten, die sich in verschiedenen Rubriken quer durch den Auftritt befinden, machen den größten Teil dieser Rubrik aus.

- Organisation der Seiten

Die Rubriken konstituieren als Primärhierarchie eine "Baumstruktur". Quer zu dieser Ordnung sind mehrere Sekundärhierarchien erkennbar. Erstens etablieren die o.g. "Specials" in "Redaktion Aktuell" eine solche Sekundärhierarchie. Zweitens gibt es einen Navigationsbalken, der auf jeder Seite präsent ist. Er bietet Navigationsschritte zu den Seiten 461 "Mail" (zugleich Impressum), 463 "Spenden", 462 "Übersicht", 254 "Online-Aktionen" und 459 "Technische Hilfe".[1] Unabhängig davon ist es an einigen Stellen möglich, auf "Archivmaterial" zuzugreifen. Darunter fallen Seiten, die zu einem früheren Zeitpunkt originärer Bestandteil des Internet-Auftritts waren, zum Zeitpunkt der Analyse jedoch nicht in der Rubrik, der sie angehören, eingesetzt werden. Es sind vier "Archive" mit Informationseinheiten dieser Art erkennbar: "Archiv Homepages", "Archiv Diese Woche", "Archiv Greenpeace-Magazin" und "Archiv Pressemitteilungen".[2]

An einigen Stellen höherer Generationen wird die Baumstruktur durch zwei alternative Arten der Organisation von Seiten durchbrochen: lineare Folgen und (Semi-)Plenare. Lineare Folgen bestehen insbesondere innerhalb der Rubrik "Kids", wo von einigen Seiten aus nur auf eine einzige weitere Seite navigiert werden kann, die nicht von der übergeordneten Seite aus zugänglich ist (von den Navigationsmöglichkeiten des permanenten Navigationsbalkens, der "Zurück"-Option und der bei "Kids" permanent vorhandenen Möglichkeit, zur Startseite "Kids Home" (289) zurückzukehren, wird hier abgesehen). Dies ist beispielsweise der Fall bei der Vorstellung eines Jungen namens Florian als "Gesicht des Monats" (291), an die sich drei weitere Seiten linear anschließen:

---

[1] Auf dem permanenten Navigationsbalken kann der User auch eine sogenannte "Nur Text"-Version anklicken. Die Bilder des Internet-Auftritts werden dann ausgeblendet. Diese Funktionalität wird im folgenden vernachlässigt, wie bei der Diskussion der Option "Medienformenintegration" dargelegt wurde.

[2] Seiten, die sich in diesen "Archiven" befinden, wurden nicht als eigene Seiten in den Ablaufplan aufgenommen. Auch die Links, die auf diesen Seiten angeboten werden, gehen nicht in die vorliegende Analyse ein. Das Bestreben, die Informationseinheiten eines Internet-Auftritts bestimmten Rubriken zuzuordnen, was im vorliegenden Auftritt grundsätzlich als plausibel erscheint, erweist sich hier als Problem: Aktuelle und Archiv-Einheiten sind nicht immer klar gegeneinander abgrenzbar. Beispielsweise wäre es durchaus denkbar, die Fotos des von Greenpeace gebauten Sparmobils "Twingo SmILE" sowie weitere damit zusammenhängende Informationseinheiten, die allesamt von 026 "Special SmILE" aus zugänglich sind, als eigenständige Seiten und damit als Bestandteil des zum Analysezeitpunkt aktuellen Auftritts zu erfassen (vgl. Ablaufplan). In diesem konkreten Fall handelt es sich jedoch eindeutig um Seiten aus der Rubrik "Themen & Kampagnen", die offensichtlich zu einem früheren Zeitpunkt entsprechend rubriziert, zum Zeitpunkt der Analyse dort jedoch nicht vorhanden waren. Deshalb werden diese Seiten wie o.g. "Archivmaterial" behandelt.

Hierarchie/ lfd. Nr.								Links
3.	4.	5.	6.	7.	8.	9.	10. Generation	
290 Gesicht des Monats								
	291 Wie Florian ein Team gründete							
		292 Auf der Jagd nach Greenteamern						
			293 Greenteam Rüngsdorf in Aktion					361
[Ende der Unterrubrik]								

Der User wird hier über die Organisation der Seiten als lineare Folge gezwungen, die Inhalte in einer bestimmten Reihenfolge und in vollem Umfang zu rezipieren; zumindest wird er an den Inhalten vorbeigeführt, ohne daß er aus der Verknüpfung der vier Seiten ausbrechen könnte.[3] Lineare Folgen haben im vorliegenden Internet-Auftritt zwei Funktionen: Zum einen werden Orientierungsprobleme vermindert, was sich gerade bei der Rubrik "Kids" positiv im Hinblick auf Orientierungskompetenz in vernetzten Informationseinheiten auswirkt, die der Anbieter seiner hier sehr jungen Zielgruppe offenbar unterstellt; zum anderen ist es dem Anbieter mittels linearer Folgen möglich, die Reihenfolge der Rezeption stärker zu beeinflussen.

Plenare (und Semi-Plenare), also Verweise von Seiten auf alle (oder einige) Seiten der entsprechenden Generation unterhalb einer übergeordneten Seite[4], finden sich insbesondere innerhalb der Rubrik "Themen & Kampagnen" und treten dort besonders zwischen Seiten dritter und vierter bzw. vierter und fünfter Generation auf. Als Beispiel sei die Unterrubrik "Naturnahe Waldnutzung" (221 bis 225) genannt. Sie befindet sich innerhalb der Rubrik "Wälder" (Startseite: 216), die ihrerseits Unterrubrik von "Themen & Kampagnen" ist. Von 221 "Naturnahe

---

[3] Weitere lineare Folgen bestehen bei "Kids" innerhalb des "Aktionspools" (308), wo die konkreten Aktionen auf jeweils zwei oder mehr "zwangsweise" aufeinanderfolgenden Seiten präsentiert werden: 309→310→311; 312→313→314; 315→316; 317→318; 320→321; 322→323; und die besonders lange lineare Folge 324→325→326→327→328 (wobei einschränkend anzumerken ist, daß auf 327 ein Link angeboten wird). Vgl. Ablaufplan.

[4] Auf die Problematik, daß derartige Verbindungen ihrem Wesen nach Links sind und somit streng genommen gar nicht zur Primärhierarchie zählen, wurde bereits im Zusammenhang mit der Option "Netz" verwiesen. An den nachfolgend beispielhaft aufgeführten Stellen im Internet-Auftritt von Greenpeace sind diese Links jedoch aufgrund ihrer permanenten Präsenz auf den Seiten so konstitutiv für die Navigationsentscheidungen des Users, daß die dadurch entstehenden Plenare und Semi-Plenare im Hinblick auf die Organisation der Seiten zur Primärhierarchie gerechnet werden. Sie schlagen sich dennoch in der Quote auftrittsinterner Links (s.u.) nieder.

Waldnutzung" aus kann der User die nachgeordneten Seiten 222 bis 225 erreichen; dort bestehen jedoch auch Verbindungen zu den übrigen Seiten innerhalb
dieser Unterrubrik, wodurch eine Plenarstruktur konstituiert wird:

Hierarchie/ lfd. Nr.	Links (nur Rubriken-intern)
4. 5. 6. 7. 8. 9. 10. Generation	
221 Naturnahe Waldnutzung	
222 Zum Thema: Naturnahe Waldnutzung	223,224,225
223 Naturnahe Waldnutzung in Mittel-europa	222,224,225
224 Fragen & Antworten	222,223,225
225 Stadtforst Lübeck	222,223,224
[Ende der Unterrubrik]	

Plenare und Semi-Plenare erfüllen hier mehrere Funktionen: Reine Plenarstruk-
turen wie 221 bis 225 versetzen den Anbieter in die Lage, verschiedene Informationseinheiten zu einem Thema gleichberechtigt zugänglich zu machen und lassen
den User durch Navigieren die Verbindungen der Informationseinheiten selbst
herstellen und die Reihenfolge der Rezeption frei wählen. Zudem spart der User
einen Navigationsschritt auf die übergeordnete Seite (im Beispiel: von 222 z.B.
direkt nach 223 ohne Umweg über 221). In Semi-Plenaren bestehen diese Funktionen ebenfalls; allerdings kann der Anbieter bestimmte Seiten bevorzugt zugänglich machen, indem er die Links nur in eine Richtung setzt. Im Semi-Plenar
063 bis 068, in dem es um "das Tschernobyl-Desaster" geht, werden z.B. die
Seiten 066 "Zum Thema: Tödliche Strahlen", 067 "Zum Thema: Strahlende Felder" und 068 "Zum Thema: Wirtschaftlicher Kollaps" bevorzugt zugänglich gemacht (vgl. Ablaufplan), was sich in der nachstehenden Abbildung in der Zahl der
Pfeile niederschlägt, die auf diese Seiten verweisen. Die durchgezogenen Linien
bezeichnen Verbindungen, die gestrichelten Links.

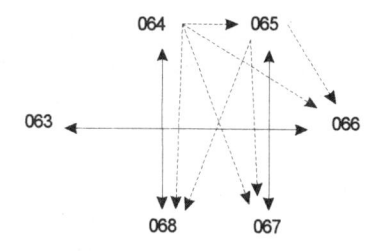

Abbildung 2: Unterrubrik "Das Tschernobyl-Desaster" im Internet-Auftritt von Greenpeace

- Organisation der Elemente

Nach der Organisation der Elemente im Internet-Auftritt ist auf der optisch-räumlichen und auf der erzählerisch-integrativen Ebene zu fragen. Optisch-räumlich sind im Internet-Auftritt von Greenpeace ein Grundschema - in den Printmedien würde man von einem "Stammlayout" sprechen - sowie typische Varianten davon erkennbar. Die Homepage 001 hebt sich davon ab. Sie enthält drei "Frames": oben horizontal den permanenten Navigationsbalken, links vertikal einen "Rubriken-Frame" sowie einen räumlich dominierenden "redaktionellen" Frame.

Abbildung 3: Homepage von Greenpeace Deutschland

Die anklickbaren Flächen im Navigationsbalken sind dreidimensional gezeichnet, so daß der optische Eindruck leicht hervortretender Schaltknöpfe ("Buttons") entsteht. Der Inhalt des redaktionellen Frames wird täglich aktualisiert; hier wird berichtet über ein bestimmtes, von Greenpeace verfolgtes Thema, eine durchgeführte Aktion oder ähnliches. Diese tagesaktuellen Berichte sind im Zeitungsstil gehalten: Es gibt eine große Überschrift, einen kurzen, fett hervorgehobenen "Vorspann", der das Thema überblickhaft und inhaltlich von hinten kürzbar vorstellt und mit Ort und Datum gekennzeichnet ist, einen längeren Text mit mehreren Absätzen sowie, an den meisten Tagen, ein oder mehrere Fotos. Des weiteren enthält das redaktionelle Fenster Icons oder Texte, die auf auftritts-interne Seiten verweisen, sowie Banner.

Das "Stammlayout" für sämtliche nachgeordneten Seiten ist wie folgt angelegt: Im Seitenkopf befindet sich der permanente Navigationsbalken. Die Fläche darunter ist weiß unterlegt. Wenn die Länge des dort plazierten Inhalts es erfordert, ist diese Fläche "scrollbar". Am linken Rand befindet sich ein vertikaler, farblich abgesetzter Balken, der an seinem oberen Ende an den Navigationsbalken stößt. Welche Farbe verwendet wird, ist abhängig von der aktuellen Rubrik. Am oberen Ende dieses Balkens befindet sich der weiße Schriftzug "Zurück", der als Schaltfläche für den entsprechenden Navigationsbefehl dient. In der Rubrik "Kids" ist diese Fläche teilweise metaphorisch gestaltet. Rechts des vertikalen Balkens befindet sich die Fläche, auf welcher der Textkörper positioniert ist. Auf der Höhe des "Zurück"-Schriftzuges kennzeichnet ein Text in der Farbe des vertikalen Balkens die Position der aktuellen Seite innerhalb der Rubrikenhierarchie (z.B. "Themen & Kampagnen/ Atom: Abrüstung und AKWs"). Sowohl diese Rubrikenandeutung als auch das "Zurück"-Feld werden hier zum Seitenkopf gerechnet.

Abbildung 4: Internet-Auftritt von Greenpeace Deutschland, Seite 062

Unterhalb der farblich abgehobenen Positionsandeutung beginnt der Seitenkörper, im Normalfall mit einer Überschrift in serifenloser Typographie (Schriftart "Arial" oder eine leichte Modifikation davon) zum Inhalt der aktuellen Seite. Die Überschrift ist mindestens doppelt so groß wie der übrige Fließtext, dessen Schriftgröße bei ca. 12 Punkt liegt. Es folgt bei Bedarf eine Unterüberschrift (Subline) im gleichen Stil wie die Überschrift, jedoch kleiner. Darunter ist der Fließtext positioniert, der ggf. ein Bild, eine Grafik oder ein Logo umfließt. Der Fließtext ist durchgehend schwarz und im Zeichensatz "Courier" gehalten: eine Nachahmung der konventionellen Schreibmaschinenschrift, die hier eingesetzt wird, um Aktualität und Authentizität zu suggerieren. Auf einigen Seiten sind kurze "Anmoderationen" vor dem eigentlichen Haupttext positioniert, die, orientiert an Konventionen aus den Printmedien Zeitung oder Zeitschrift, fett hervorgehoben sind. Der Fließtext ist linksbündig formatiert (Flattersatz). Innerhalb des Textes finden sich, einer HTML-Konvention entsprechend, unterstrichene und farbig (hier in der Regel blau) abgesetzte Passagen, die auf eine Verbindung zu einer anderen Seite oder eine sonstige Auswahlmöglichkeit (z.B. Download) verweisen. Verbindungen, die im Fließtext angeboten werden, wiederholen sich bei den meisten Seiten auf dem vertikalen Balken; diese Auflistung beginnt unterhalb des "Zurück"-Feldes und setzt sich mit ca. einer Zeile Abstand zwischen den Verbindungen fort. Auf diese Weise kann dem User bei längeren Fließtexten die Verbindung bereits in der Randspalte angeboten werden, ohne daß er die Seite "hinabwandern" muß. Auf einigen Seiten offeriert der vertikale Balken nur eine Auswahl der im Fließtext genannten Verbindungen.

Basierend auf diesem Stammlayout ist eine standardisierte Seitenkonstruktion erkennbar, die hier als "Rubrikenschema" bezeichnet werden soll, weil sie bei Greenpeace erkennbar auf Seiten eingesetzt wird, die den Anfang von Rubriken bilden, sowie auf Seiten, die innerhalb von Rubriken weitere Unterrubriken begründen[5]: Unterhalb der Positionsandeutung befinden sich die Rubrikenüberschrift und ein dominantes Bildmotiv, das ca. zwei Drittel der zunächst sichtbaren Fläche unterhalb des permanenten Navigationsbalkens und rechts des vertikalen Balkens ausmacht. Der Fließtext führt in die Thematik ein und erläutert kurz, was den User hinter den angebotenen Navigationsschritten oder Sonder-Optionen erwartet. Die meisten dieser Befehle finden sich ebenfalls auf dem linken vertikalen Balken. Durch die Verwendung räumlich dominanter Bilder und großer Überschriften entsteht im Rubrikenschema ein ähnlicher Effekt wie auf der

---

[5] Siehe die entsprechend gekennzeichneten Stellen im Ablaufplan. Es wurden dort nur solche Seiten mit "Rubrikenschema" gekennzeichnet, die exakt die nachfolgend beschriebenen Konstruktionsmerkmale aufweisen.

Titelseite einer Boulevardzeitung, die mit Schlagzeilen um Käufer wirbt: Der Nutzer sieht beim Aufruf einer solchen Seite (abgesehen von den beiden Balken) zunächst nicht viel mehr als die Überschrift und das Bild. Um in den Inhalt einzusteigen, muß er alsbald die Seite hinunterscrollen.

Bestimmte Seiten hingegen weichen grundlegend vom Stammlayout ab. Insbesondere innerhalb der Rubrik "Kids" wird dieses Layout nicht durchgängig eingesetzt. Hier wird häufig mit farbig abgesetzten geometrischen Formen und gezeichneten Motiven (teilweise animiert) gearbeitet, um den Auftritt mit formalen Mitteln zu dynamisieren. Ebenso weichen Seiten mit spezieller technischer Funktionalität vom Stammlayout ab: etwa die Übersichtsseite (462), die als Image Map (anklickbare Grafik) gestaltet ist; sowie Seiten, die Originaldokumente isoliert präsentieren, welche vom Anbieter nicht ins Layout integriert wurden, z.B. die Künstlerfotos (129, 132, 135, 138, 141, 144 und 149) oder die einzelnen Entwürfe eines Greenpeace-Wettbewerbs (259 bis 266) usf.

Auf der erzählerisch-integrativen Ebene der Organisation der Elemente lassen sich im Internet-Auftritt von Greenpeace, verglichen mit dessen Umfang, nur wenige Spezifika benennen. Die meisten Texte, Bilder und Grafiken haben für sich genommen einen relativ starken Aussagewert, so daß jeweils andere Darstellungsformen, wenn überhaupt, zur Illustration herangezogen werden. An einigen Stellen läßt sich jedoch eine "Integration" der Elemente feststellen, durch die eine medium-spezifische Erzählweise konstituiert wird. Zwei Beispiele: (1) Eine "integrative" Organisation, hier der Elemente Bild/ Grafik und Text, ist die bei 202 "Zu entsorgende Offshore-Anlagen in der Nordsee" gegebene Möglichkeit, auf einer Landkarte sieben verschiedene Orte anzuklicken, an denen sich jeweils eine oder mehrere Offshore-Plattformen befinden. Das Medium generiert hier eine spezifische Erzählweise: Der Inhalt ("Es gibt sieben Offshore-Plattformen, die nach Ansicht von Greenpeace zu entsorgen sind: und zwar die North West Hutton Plattform, die Heather A Plattform..." usf.) wird dem User erzählt, indem dieser innerhalb einer zweidimensionalen visuellen Darstellung entscheiden darf, welchen Punkt er anklickt, dazu die Maus hin- und herbewegen und den Befehlsknopf aktivieren muß, um dann auf eine entsprechende Seite zu gelangen. (2) Durch die Integration von Text, Bild und Ton wird innerhalb der Rubrik "Kids" eine medium-spezifische Erzählweise etabliert, die dazu dient, Meinungen des Anbieters oder Sachverhalte lebhafter und intuitiver zu vermitteln: Bei 348 "Die Paarung" (es geht um Frösche) kann sich der Nutzer Froschgeräusche herunterladen und diese dann anhören, während er den Text liest oder das Bild zweier sich paarender Frösche betrachtet.

• Text

Als Anbieter präsentiert sich Greenpeace selbst ausführlich in Form geschriebener Texte: Allgemein geht es um Geschichte, Organisation, Finanzen und Grundüberzeugungen; speziell werden einzelne Gründer, Aktivisten und Mitglieder vorgestellt. Noch ausführlicher werden die Interessen und Tätigkeiten des Anbieters thematisiert: allgemein die unter dem Oberziel "Umweltschutz" gebündelten Ziele im Hinblick auf einzelne Themen (z.B. Ozon, Wälder, Atomenergie usf.) sowie umfangreiche Kataloge grundsätzlicher Argumente, die mit diesen Zielen zusammenhängen (z.B. 212 "Argumente zum Thema Öl"); speziell einzelne Themen, konkrete Kampagnen sowie Beschreibungen von (Informations-) Dienstleistungen der Organisation. Themen, die außerhalb des Anbieters, seiner Interessen und Tätigkeiten liegen, werden im Rahmen des Elements "Text" nicht behandelt. Als Textformen finden sich sämtliche der hier vorausgesetzten Typen: kurze, einführende Texte, nicht kommentierte Daten, Adressen/ Kontakte, ausführliche (Hintergrund-) Berichte und Dokumentationen sowie institutionelle Originaldokumente des Anbieters, z.B. Pressemeldungen oder Aufrufe.

Die meisten Verbindungen und Links im Internet-Auftritt führen von Texten zu Texten bzw. von Seiten, in denen Text das dominante statische Element ist, zu eben solchen. Des weiteren wird Text verbunden mit Bild/ Grafik (z.B. von 069 "Chinesische Atomtests" aus dem Fließtext heraus nach 074 "Fahrtroute der MV Greenpeace", eine Grafik) und Ton (vor allem bei Downloads). Andersherum können Texte auch Ziel von Verbindungen oder Links sein, die von anderen statischen Elementen ausgehen, was jedoch weitaus seltener ist. Verbindungen von Bild zu Text finden sich beispielsweise bei 360 "Diese Woche"; Verbindungen von Animation zu Text finden sich an den (wenigen) Stellen, wo der User auf animierte Teile klicken muß, um nachgeordnete Seiten aufzurufen (z.B. bei 092 "Chemie: Chlor & PVC").

Texte, die sich auf Seiten niedrigerer Generationen befinden und dort dem Überblick oder der Einführung in Themen dienen, sind metakontextuell konstruiert, das bedeutet, sie sind aus verschiedenen Zusammenhängen heraus und für Nutzer unterschiedlicher Herkunft eher verstehbar als andere Texte im Internet-Auftritt. Einschränkend ist anzumerken, daß der Internet-Auftritt durchweg in deutscher Sprache gehalten ist. Je tiefer sich Texte innerhalb der Seitenhierarchie befinden, desto weniger sind sie im hier verstandenen Sinne metakontextuell, sondern sie offerieren vertiefende Detail-Informationen, die sich auf einen Zusammenhang beziehen, der auf einer Seite niedrigerer Generation thematisiert wird. Unter dem Blickwinkel von "Kontextualisierbarkeit" betrachtet, erscheinen die Texte in sich bzw. innerhalb der Anbieter-Interessen hermetisch geschlossen: Inhaltlich beschreibt und argumentiert der Anbieter in Texten permanent aus der

Perspektive seiner Interessen. Ein Kontextualisierbarkeitspotential erhalten die Texte dennoch durch (nicht medium-spezifische) Gestaltungsmaßnahmen wie textliche Anmoderation, Einführungen in die Themen, Vermeidung oder Erklären von Fachbegriffen usf.

• Bild/ Grafik

Als Formen des statischen Elements "Bild/ Grafik" sind im Internet-Auftritt von Greenpeace Fotos und Zeichnungen zu unterscheiden; ferner gibt es (teilweise miteinander kombinierte) Unterformen wie Icons und Typographie. Fotos werden eingesetzt, um den Anbieter selbst oder seine Interessen, beides auf der speziellen Ebene, zu thematisieren: Mitarbeiter und Aktivisten, Schiffe, Einsätze, Demonstrationen, Musiker im Rahmen einer Greenpeace-Aktion mit Kindern (z.B. 129: Udo Lindenberg) etc. Auch Fotos, die für sich genommen nicht den Anbieter oder seine Interessen thematisieren (etwa das Bild eines gekrümmten Luftraums bei 158 "Klima: FCKW & Ozonschicht") dienen im Verbund mit Texten (im genannten Beispiel: "Wir heizen den Himmel auf...") sowie im inhaltlichen Gesamtzusammenhang des Internet-Auftritts letztlich der Darstellung des Anbieters bzw. seiner Interessen. Zeichnungen kommen besonders innerhalb der Rubrik "Kids" (289 bis 378) zum Einsatz und haben dort vorwiegend illustrierende Funktion - etwa eine kindlich-vogelhafte Comicfigur, die eingesetzt wird, um Aussagen zu illustrieren (z.B. "Wie kann ich aktiv werden?") oder um anzudeuten, was sich hinter bestimmten Navigationsmöglichkeiten verbirgt. Außerdem dienen Zeichnungen an vereinzelten Stellen der sachlichen Information: z.B. bei "Kids" die detailgenaue Abbildung einer Kröte (346); bei "Themen und Kampagnen" die Fahrtroute eines Aktionsschiffes (074) oder eine Landkarte, in der chinesische Atomanlagen verzeichnet sind (072). Icons finden sich ebenfalls bei "Kids", wo beispielsweise ein (nicht animierter) "gehender" Vogel die "Zurück"-Navigationsmöglichkeit symbolisiert. Logos verweisen auf Aktionen. Typographie kommt auf beinahe jeder Seite zum Einsatz: bei den Überschriften und bei Andeutungen von Rubrikenzusammenhängen im Seitenkopf sowie innerhalb einiger Hintergrundberichte als Zwischenüberschriften (meist in einer "Arial"-ähnlichen Schriftart).

"Bild/ Grafik"-Formen im Internet-Auftritt von Greenpeace unterscheiden sich, abgesehen von "Image Maps", inhaltlich und formal nicht von konventionellen Darstellungen dieser Art, die sich im Rahmen älterer Medien entwickelten. Infolge dessen lassen sich an dieser Stelle medium-spezifische Aussagen hinsichtlich der Subkriterien Metakontextualität und Kontextualisierbarkeit nicht treffen. Gemäß dem oben unterschiedenen Einsatz von "Bild/ Grafik" zu inhaltlichen bzw. zu illustrativen Zwecken verhalten sich beide Kriterien: "Bild/ Grafik"- Formen, die den eigentlichen Inhalt einer Informationseinheit darstellen, sind metakontextuell, d.h. aus sich selbst heraus verstehbar, z.b. bei 043 bis 049 die Fotos einzelner Schiffe; "Bild-/ Grafik"- Formen, die illustrierenden Charakter haben, können ihren intendierten Bedeutungsgehalt hingegen nur im Zusammenhang mit anderen Elementen entfalten, z.b. das oben erwähnte Bild des Luftraums bei 158 "FCKW & Ozonschicht".

Bilder/ Grafiken bzw. die genannten Unterformen werden im vorliegenden Internet-Auftritt über Verbindungen und Links häufig mit Texten kombiniert und sind in den meisten Fällen Ziel von Verbindungen und Links, von dem aus lediglich "zurück" navigiert werden kann. In Umkehrung dazu bilden Bilder und Grafiken an einigen Stellen den Ausgangspunkt von Verbindungen zu Stellen, an denen andere Elemente dominieren: etwa die Grafik bei 202 "Zu entsorgende Offshore-Anlagen in der Nordsee", von der aus die nachgeordneten Seiten durch Klicken auf die Landkarte zu erreichen sind (s.o). Außerdem wird das Element "Bild/ Grafik" mit dem Element "Animation" verbunden, wenn man bei 409 "Video" durch Klicken auf Filmausschnitte (Standbilder) den jeweiligen Download-Prozeß initiieren kann.

- Ton

Das statische Element "Ton" kommt an verschiedenen Stellen zum Einsatz.[6] Ruft der Nutzer die Startseite der Rubrik "Kids" auf, so erklingt eine Melodie. In dieser Rubrik wird ein Spiel angeboten, bei dem der User Geräusche erraten muß (342). Außerdem wird Ton im "Soja-Spiel" (020) eingesetzt: Der Nutzer sieht drei Würfelbecher, wobei sich im mittleren eine Bohne befindet; die Becher wechseln mit hoher Geschwindigkeit mehrmals ihre Position, wobei ein entsprechendes Schiebe-Geräusch zu hören ist; dann fragt eine Stimme aus dem Off: "Wo ist die Bohne?" Der Nutzer muß mit der Maus auf den Becher klicken, unter dem sich seiner Ansicht nach die Bohne befindet - und je nachdem, ob er richtig

---

[6] Geschlossene Audio-Beiträge nach Vorbild des Hörfunkjournalismus, die an verschiedenen Stellen zum Download angeboten werden und systematisch zugänglich sind über 410 "Audio" ff., werden hier nicht in die kriterienbezogene Analyse des statischen Elements "Ton" einbezogen, weil sie in diesem Sinne nicht direkt dem Internet-Auftritt zugeordnet werden: Das Internet fungiert vielmehr als Distributionsinstanz für Beiträge der genannten Art.

oder falsch liegt, ertönt Beifall oder Häme.[7] Ton hat hier die gleiche Funktion wie z.B. in Video-Spielen: Optische und akkustische Signale verbinden sich zu einem "Geschehen", in das der Nutzer hineingezogen werden kann.

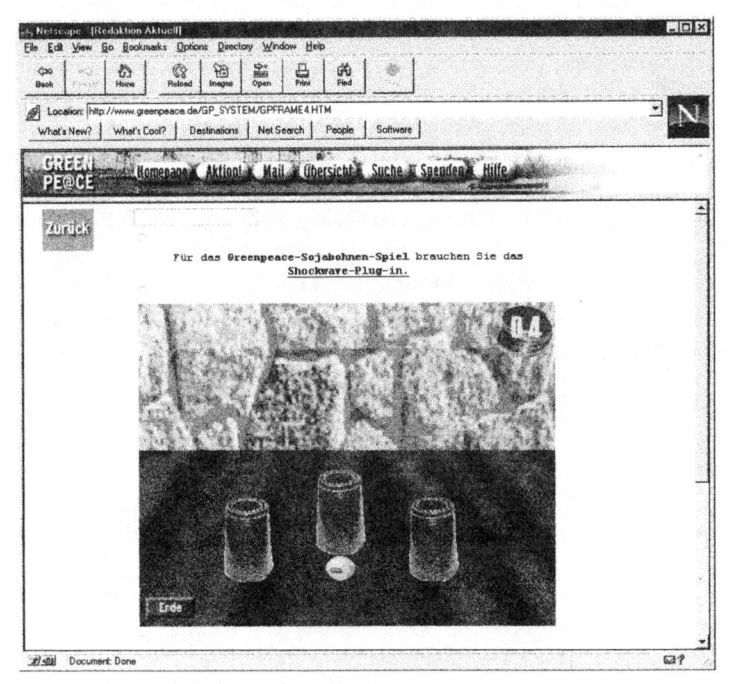

Abbildung 5: Das "Soja-Spiel" (Internet-Auftritt von Greenpeace Deutschland, Seite 020)

- Animation

"Animation" kommt im Internet-Auftritt von Greenpeace an verschiedenen Stellen und in unterschiedlichen Formen vor, die sich bei Beibehaltung des in dieser Arbeit zugrundegelegten Animations-Begriffs grob in Text- und Bild-/ Grafik-

---

[7] Das "Soja-Spiel" ist noch in mindestens zwei weiteren Dimensionen zu thematisieren (s.u.): Zum einen liegt "Reaktionsfähigkeit des Mediums auf den User" (als Subkriterium von "Interaktivität") vor; zum anderen ist vorgesehen, daß sich Nutzer das Spiel vom Greenpeace-Auftritt herunterladen und in ihre eigenen Internet-Auftritte einbauen, was die Nutzungsoption "Globalität/ Distribution/ Verfügbarkeit" tangiert.

Animation unterscheiden lassen. Text-Animation wird auf der Startseite 001 eingesetzt, wo innerhalb des redaktionellen Frames bei Bedarf ein Lauftext eingesetzt wird. Bild-/ Grafik-Animation kommt häufiger zum Einsatz: (1) als Animation von Icons innerhalb der Rubrik "Kids", z.b. auf deren Startseite (189); (2) als Animation innerhalb von Logos, z.B. bei 092 "Chemie: Chlor & PVC", wo eine grünliche, phosphoreszierend anmutende "Masse" in kurzen Zeitintervallen die Schrift "überflutet"; sowie (3) in bezug auf "normale" Grafiken oder Zeichnungen, z.B. ein gezeichneter "springender" Frosch bei 346 "Hopf, der Frosch".

Animierte Teile des Internet-Auftritts thematisieren spezielle Interessen und Tätigkeiten des Anbieters, etwa Informationen über Tiere, die der Anbieter für schützenswert hält (siehe das Frosch-Beispiel). Unabhängig davon dienen Animationen der optischen Verstärkung visueller Elemente und mithin der Gewinnung von Aufmerksamkeit des Nutzers in bezug auf solche Elemente. Animationen letztgenannten Typus sind insofern metakontextuell, als sie aus sich selbst heraus leichter verstehbar sind als beispielsweise geschriebene Sprache und somit in unterschiedlichen Kontexten für verschiedene Nutzer verständlich sein dürften. Kontextualisierbar hingegen sind animierte Teile im Internet-Auftritt von Greenpeace meist nur innerhalb der aktuell betrachteten Seite: Die über Animation vermittelte Aussage "hüpfender Frosch" ergibt für sich genommen einen Sinn, ist im Internet-Auftritt jedoch nur mit Blick auf den speziellen Zusammenhang an der betreffenden Stelle (der Anbieter will Kinder auf Tiere in ihrer Umgebung sensibilisieren) sinnvoll zu kontextualisieren.

Animierte Teile sind im vorliegenden Internet-Auftritt mit den statischen Elementen "Text" und "Bild/ Grafik" verbunden. Ausgangspunkt von Verbindungen dieser Art sind animierte Teile dann, wenn sie als Buttons oder Kampagnen-Logos eingesetzt werden, die zu weiteren Inhalten führen (z.B. ein wogendes Kornfeld). Ziel von Verbindungen und Links sind animierte Teile meist im Wege der normalen Navigation durch die Rubriken, wo der User an vereinzelten Stellen auf animierte Teile stößt.

- Farbe

Der Internet-Auftritt ist fast durchgehend mehrfarbig gestaltet. Eine wichtige Funktion von Farbe liegt in der Kennzeichnung der verschiedenen Rubriken. Die Wahl der Farbe orientiert sich bei einigen Rubriken an psychologisch-kognitiven Konventionen in bezug auf den verwendeten Farbton: z.B. grün, verbunden mit Konnotationen wie "Umwelt" oder "Natur", bei "Themen & Kampagnen", oder rot als klassische Signalfarbe bei "Machen Sie mit!".

- Service

Als Service-Elemente offeriert der Internet-Auftritt erstens die Möglichkeit, Informationsmaterial direkt beim Anbieter zu bestellen (z.B. 450 "direkt bestellen"); zweitens die Möglichkeit, Transaktionen abzuwickeln oder zumindest zu initiieren (z.B. 464 "einmalige Einzugsermächtigung"). Drittens ist es an acht Stellen möglich, umfangreiche Textpassagen herunterzuladen, um diese "offline" rezipieren und verwerten zu können: So kann beispielsweise innerhalb der Rubrik "Energie & Solar" (094 ff.) ein Auswertungstext zu dem Greenpeace-Projekt "Cyrus" auf den Computer des Nutzers überspielt werden, bei 215 "Situation im Niger-Delta" wird eine Langfassung angeboten usf.

- Links

Eines der am stärksten ausgeprägten Elemente im Internet-Auftritt von Greenpeace ist "Links". Es bestehen 840 solcher Verweise, welche die Primärhierarchie ("Baumstruktur") durchbrechen. Das Verhältnis dieser auftritts-internen Links zur Gesamtzahl der Seiten liegt bei durchschnittlich 1,81 Links pro Seite.[8] Links zu Internet-Auftritten des Anbieters, z.B. Greenpeace-Server in Australien, Österreich oder Spanien, werden an verschiedenen Stellen insgesamt 68 mal angeboten. Auffällig ist hier, daß sämtliche als "Umwelt-Links" gekennzeichnete Verbindungen (Seite 458 im Auftritt) auf Internet-Angebote des Anbieters verweisen. Ein Nutzer, der ausgehend vom vorliegenden Auftritt im Internet nach Angeboten zum Thema "Umwelt" sucht, wird so bewußt innerhalb der Organisation Greenpeace gehalten.

Auftritts-interne Links werden eingesetzt, um Inhalte miteinander zu verknüpfen, die für einen aktuell betrachteten Aspekt aus Sicht des Anbieters von Bedeutung sind, jedoch innerhalb anderer Rubriken abgelegt sind. Welche Inhalte via Links, also abweichend von der erkennbaren Primärhierarchie, miteinander verbunden werden, ist im vorliegenden Internet-Auftritt aufgrund von drei Sachverhalten nicht pauschal klassifizierbar: Erstens erschwert es die hohe Link-

---

[8] Rechnung: 840 Links / 464 Seiten = 1,810 Links/Seite. - Dieser Wert liegt noch höher, wenn man die außerordentlichen Verbindungen, die innerhalb der Rubrik "Kids" zu deren Startseite (289) führen, als "Links" begreift. Dort bestehen auf 74 Seiten vierter und höherer Generation Verbindungen zu Startseite 289 "Kids Home", eine Seite zweiter Generation. Dadurch kann die dritte Generation übersprungen werden. Bei Einbeziehung dieser 74 zusätzlichen Links liegt der Link-Quotient des gesamten Internet-Auftritts bei 1,970 Links/Seite.

Quote an sich, spezielle Inhalte zu identifizieren, die überdurchschnittlich häufig mit Links verbunden wären; zweitens gibt es zu annähernd jedem Thema, das auch in der wichtigen Rubrik "Themen und Kampagnen" der Baumstruktur folgend hierarchisiert ist, ein entsprechendes "Special" im Rahmen von "Redaktion aktuell", also zumindest dort eine Reihe von Links zu den entsprechenden Themen; und drittens führt die häufige Anlage von Unterrubriken als (Semi-) Plenare dazu, daß die dort dargestellten Inhalte ohnehin mit Links verbunden sind.

Anbieter-externe Links - insgesamt sind es 43 - führen zu Angeboten unterschiedlicher Herkunft und unterschiedlichen Inhalts, die mit dem inhaltlichen Zusammenhang der betreffenden Seite, von der sie ausgehen, korrespondieren. Das Spektrum reicht von Internet-Tools (Verbindung zu Netscape bei 459 "Technische Hilfe") über Kooperationspartner (Verbindung zu Virgin Schallplatten bei 127 "Stars und Greenteams" sowie bei den meisten nachgeordneten Seiten) bis hin zu Auftritten, die Aussagen untermauern oder vertiefen sollen, welche der Anbieter an bestimmten Stellen trifft: z.B. ein Link zum Deutschen Wetterdienst beim Thema Sonnenenergie (102), zur Stadt Frankfurt beim Thema Ozon (018), bei 063 "Das Tschernobyl-Desaster" zu einer privaten deutschen Initiative, bei 002 "Redaktion aktuell" zu einer norwegischen Initiative für Wale usf. Bei 369 "Hot Links für Kids" sind 13 Links zu externen Anbietern verfügbar, bei denen es jedoch nicht um Umweltthemen, sondern um Unterhaltung und Spiele geht.

Bei 192 "Öl & Offshore" gibt es im Zusammenhang mit der Thematisierung der Ölplattform Brent Spar sogar einen Link zu dem Server, den das Unternehmen Shell eigens für Argumentationen zu diesem Konflikt eingerichtet hat, sowie zum Internet-Auftritt der Deutschen Shell. Allerdings wird der erstgenannte Link abwertend kommentiert. Auffällig in bezug auf andere Konfliktpartner von Greenpeace ist die restriktive Linksetzungspolitik des Anbieters: Der Konzern Monsanto, der sich nicht einsichtig zeigte, als Greenpeace forderte, auf gentechnisch behandelte Produkte zu verzichten, wurde auf der entsprechenden Seite 121 "Monsanto - Konzern der Gene und Gifte" nicht mit einem Link auf seinen Internet-Auftritt bedacht; lediglich innerhalb einer historischen Homepage (zugänglich über 120 "Die Gen-Soja auf dem Weg nach Europa") findet sich ein solcher Link. Das Unternehmen Unilever hingegen, das auf Druck der Umweltschutzorganisation erklärte, es wolle auf den Einsatz von Gentechnik verzichten, erhält einen Link an prominenter Stelle bei 116 "Kampagnen-Rückblick 1996". Der Nutzer darf hier den Greenpeace-Auftritt verlassen und sich bei Unilever "aus erster Hand" informieren.

- Navigation

Der große Umfang des Internet-Auftritts und die hohe Zahl von Links, welche die Primärhierarchie durchbrechen, erfordern Maßnahmen, die dem Nutzer das Navigieren und die Orientierung erleichtern. Die Primärhierarchie der Seiten wird dem Nutzer auf dreifache Weise vermittelt. Erstens werden die Rubriken auf der Startseite genannt und zugänglich gemacht. Zweitens gibt es einen Organisationsplan des Auftritts (462 "Übersicht"), der über den permanenten Navigationsbalken jederzeit erreicht werden kann. Dort kann der Nutzer durch Anklicken direkt auf Seiten bis in die dritte Generation navigieren. Drittens wird auf allen Seiten bis zur dritten Generation und auf vielen höherer Generationen die Position der Seite innerhalb der Rubrikenordnung durch einen farbigen Text im Seitenkopf angedeutet, z.B. "Themen & Kampagnen/ Meere".

Links sind, ebenso wie die der Primärhierarchie folgenden Verbindungen, überwiegend textlich-explizit: Der User erfährt im Normalfall, wohin ein Link führt, bevor er diesen aufruft. Nicht-textliche Verbindungen und Links sind stets durch additive textliche Kennzeichnungen unterstützt. Eine von wenigen Ausnahmen ist eine textliche, nicht-explizite Verbindung in der "Kids"-Rubrik von 307 "Aktion" nach 308 "Aktionspool", die über die Worte "Dampf machen", die sich am Ende des Fließtextes auf 307 befinden, aktiviert werden kann; es ist im übrigen die einzige Verbindung, die auf der Seite 307 angeboten wird. Hier wird "Dampf machen" wie ein Cliffhanger eingesetzt, um den einzigen Navigationsschritt, der für den User möglich ist, zu dramatisieren.

Neben dem erwähnten Navigationsbalken steht als Navigationsinstrument im Kopf jeder Seite ein "Zurück"-Button zur Verfügung. Er führt den Nutzer auf die jeweils zuletzt betrachtete Seite, auch wenn sich diese außerhalb der aktuellen Rubrik befindet. Dieses Navigationsinstrument ermöglicht somit nicht nur das rubriken-interne Zurückgehen, sondern bildet immer dann, wenn der Nutzer von einer anderen Rubrik her kommt, das Gegenstück zu den zahlreichen Links, indem es diese rückgängig macht und den Nutzer wieder auf die ursprüngliche Seite und in den dortigen thematischen Zusammenhang zurück versetzt.[9] Bei Seiten, die nach dem "Rubrikenschema" (s.o.) gestaltet sind, befinden sich sämtliche Verbindungen und Links, die im Fließtext genannt werden, zusätzlich am linken Seitenrand auf einem rubriken-spezifisch farblich abgesetzten vertikalen Balken. Auf diese Weise ist es möglich, einen Nutzer stichwortartig durch den

---

[9] Diese Funktionalität des "Zurück"-Buttons wird allerdings nicht von allen Browsern unterstützt.

Internet-Auftritt zu lotsen und einem anderen gleichzeitig kurze "Anmoderationen" zu den Inhalten anzubieten, die sich hinter den Verbindungen und Links verbergen.

• Interaktivität

Die Komplexität der Auswahlmöglichkeiten (Zahl und Art) ist im vorliegenden Internet-Auftritt, bedingt durch die starke Verzweigung und die große Zahl von Links, naturgemäß hoch. Es stehen drei Arten von Auswahlmöglichkeiten zur Verfügung: Navigieren ist an jeder Stelle möglich, Feedback von jeder Stelle aus über einen Navigationsschritt erreichbar (Link zu 461 "Mail" auf dem permanenten Navigationsbalken), Sonder-Optionen wie Downloads, vorgefertigte E-Mail-Formulare an den Anbieter oder an Dritte etc. bieten sich an insgesamt 58 Stellen.[10] Die Zahl der Auswahlmöglichkeiten beträgt auf jeder Seite bis zur zweiten Generation mindestens 10 bis 15 und setzt sich im wesentlichen zusammen aus Möglichkeiten der Navigation innerhalb der Primärhierarchie, Links, "Zurück"-Befehlen, den Befehlen des permanenten Navigationsbalkens und Downloads. Auf Seiten dritter und vierter Generation besteht entweder nur die Standardauswahl (Navigationsbalken und "zurück") oder es bestehen, bei Semi-Plenarstrukturen, ca. fünf bis acht weitere Möglichkeiten, bei denen es sich ebenfalls um Navigationsbefehle handelt.[11] In längeren, am Ende von Hierarchieketten plazierten Dokumentationen besteht häufig nur eine Möglichkeit, nämlich "Zurück"-Navigation (z.B. 186 "Argumente Wale-Kampagne"); bzw. die Zahl der Auswahlmöglichkeiten erhöht sich aufgrund seiten-interner Verbindungen (z.B. 093 "Studie PC-Recycling" mit 14 solchen Verweisen). Bei solchen seiten-inter-

---

[10] Im einzelnen handelt es sich um 33 Download-Optionen (acht für Texte, 21 für Audio, 4 für Video) und 25 E-Mail-Optionen. Teilweise sind auf einer Seite mehrere Möglichkeiten dieser Art gegeben. Siehe hierzu ausführlich den Ablaufplan.

[11] Die große Bedeutung von Navigationsmöglichkeiten im Hinblick auf die große Zahl der Auswahlmöglichkeiten im vorliegenden Internet-Auftritt wird auch ersichtlich, wenn man die Navigationstätigkeit des Users auf zwei Schritte erweitert: Dann ergeben sich z.B. ausgehend von der Homepage allein 59 Navigationsmöglichkeiten. Beispielhaft seien hier fünf zweischrittige Navigationsmöglichkeiten genannt: (1.) 001 Homepage→033 "Themen & Kampagnen"→192 "Öl und Offshore"; (2.) 001→253 "Machen Sie mit!"→289 "Café Greenpeace"; (3.) 001→379 "Service"→409 "Audio"; (4.) 001→289 "Kids"→330 "Unterhaltung"; und (5.) 001→002 "Redaktion aktuell"→027 "Special Castor".

nen Verbindungen kann der User vom oberen Ende der Seite aus auf bestimmte Stellen "springen" und von dort entweder linear weiterlesen oder zurück zum Seitenanfang gehen.

"Reaktionsfähigkeit des Mediums auf den User", als zweites Subkriterium von "Interaktivität", ist an mehreren Stellen zu konstatieren. Im "E-Mail-Abo" (003), das dem Nutzer ermöglicht, Informationen des Anbieters an seine E-Mail-Adresse zu abonnieren, kann der Nutzer eine Auswahl treffen, die darüber entscheidet, welche Inhalte ihn regelmäßig per E-Mail erreichen. Innerhalb der "Kids"-Rubrik gibt es ein Spiel, in dem Geräusche erraten werden müssen (342): Eine gezeichnete Figur kommentiert die Antwort des Users entweder mit "Oh nein!!! Das war total falsch. (...)" oder mit "Huraaa!!! Super gut.(...)". Allerdings besteht die Reaktion des Mediums hier nur im übermittelten Text und Bild, nicht im Ergebnis: Gleichgültig, ob richtig oder falsch getippt - der User wird in jedem Fall über den einzigen anklickbaren Text - er lautet "(...) noch einmal" - gezwungen, zur vorherigen Seite zurückzukehren. Hier wird "Reaktionsfähigkeit" eingesetzt, um eine weitere Dimension von "Interaktivität" auszuhebeln: die Komplexität der Auswahlmöglichkeiten. Dies ist auch der Fall beim Spiel "Malen nach Zahlen" (352): Der Nutzer wird aufgefordert, aufeinanderfolgende Zahlen mit Linien zu verbinden, wobei das Motiv eines Wals entsteht. Anders als auf dem Papier, von dem Spiele dieser Art bekannt sind, darf der Nutzer jedoch nicht von diesem Weg abweichen: Die Programmierung verweigert die Darstellung von Linien, die vom Schema abweichen.

In den genannten Fällen reagiert das Medium nach einem simplen Schema auf den User. Ebenso verhält es sich beim "Soja-Spiel" (s.o.). Komplexer ist die Reaktionsfähigkeit beim "Hubschrauber-Spiel" (351): Hier muß der Nutzer mittels der Cursortasten seines Computers einen Hubschrauber steuern, der einen Greenpeace-Aktivisten (in der folgenden Abbildung rechts unten) von einem Hausdach befreien soll.

Abbildung 6: Das "Hubschrauber-Spiel"
(Internet-Auftritt von Greenpeace Deutschland, Seite 351)

Möglichkeiten, Informationen einzuspeisen, die dann - dies ist entscheidend für das dritte Subkriterium von "Interaktivität" - auch anderen Nutzern zugänglich sind, finden sich bei 288 "Chat-Room" und 370 "Pinnwand" (dem Chatroom für Kinder).[12] Außerdem wird innerhalb der Rubrik "Kids" eine "Unendliche Geschichte" (350) angeboten, die vom Nutzer fortgesetzt werden kann. Abgesehen von der "unendlichen Geschichte", die zumindest in ihrem Anfang thematisch vom Anbieter und seinen Interessen entfernt ist, beziehen sich die Inhalte, die User dem Internet-Auftritt hinzufügen können, auf die Person bzw. Institution des Anbieters, seine Tätigkeiten und Interessen sowie auf anbieter-nahe Themen. Zum Zeitpunkt der Analyse waren im "Chat-Room" 30 Beiträge von Nutzern aus

---

[12] Beide Foren sind auch im Hinblick auf das vierte Subkriterium "Möglichkeiten interpersonaler Kommunikation" von Bedeutung bzw. beide Subkriterien sind in der internet-spezifischen Applikation Chat-Forum aufgelöst, wie bereits auf der theoretischen Ebene bei der Diskussion der Option "Interaktivität" dargelegt wurde.

dem Zeitraum zwischen dem 21. Januar und dem 16. Mai 1997 vorhanden. Das Spektrum reicht von ernsthaften und engagierten Diskussionsbeiträgen zu speziellen Themen über pragmatische Fragen wie die Gründung von "Teams" vor Ort bis hin zu sinnlosen oder satirischen Äußerungen wie: "Ich will eine Welt, in der Katzen und Hühner endlich wieder reden können, eine Welt, in der ich aus einer Toilette trinken kann, ohne Ausschlag zu bekommen."[13]

Ein Beispiel für eine ernsthaftere Diskussion ist die Auseinandersetzung zwischen mehreren Usern, die von einem Beitrag vom 28. April (der Absender nennt sich "Carsten") hervorgerufen wird und bis zum 5. Mai acht weitere Meinungsäußerungen nach sich zieht. "Carsten" behauptet, die Greenpeace-Kampagne gegen Gentechnik erinnere ihn an "Hexenverfolgung" und empfiehlt dem Anbieter: "Seid etwas vorsichtiger (...)". Am gleichen Tag, nur neun Minuten später, antwortet "Marion", die offenbar Greenpeace-Aktivistin ist, es gehe nicht um Gentechnik allgemein, sondern um Gentechnik in Lebensmitteln. "Andrea" argumentiert zwei Stunden später: "Gentechnik nützt doch nur der Wirtschaft (...)". Es schalten sich noch "Chelsea", die für eine Kennzeichnung von Lebensmitteln eintritt, und "Christoph", der die Technik faszinierend findet, ein, bevor "Dieter" den Nutzer "Carsten" zurechtweist, man könne Greenpeace nicht mit Hexenverfolgung vergleichen. "Carsten" antwortet - mittlerweile ist das Wochenende vorüber und es ist Montag, der 28. April - defensiv: An "Marion" gewandt, argumentiert er, die Reichweite der Aktion werde aus der Informationspolitik von Greenpeace heraus "nicht ganz ersichtlich". Gegenüber "Dieter" entschuldigt er sich: "Hi Dieter, ich habe das Gefühl, daß Du dich persönlich angegriffen fühlst! War nicht meine Absicht." - und schließt eine präzisierende Erklärung seiner These an. "Dieter" lenkt eine Woche später beschwichtigend ein: "Nein, ich hab´s nicht persönlich genommen!"

Wer von den genannten "Nutzern" in Wahrheit zum Kreis des Anbieters zählt, läßt sich nur vermuten. Die kurze Reaktionszeit und die sachliche Argumentation von "Marion" und "Dieter", die offenbar argumentativ präpariert sind, legen eine solche Vermutung nahe. Ferner ist denkbar, daß auch der als Skeptiker auftretende "Carsten" oder der technik-faszinierte "Christoph" vom Anbieter erfundene Figuren sind. Die gesamte Diskussion wäre dann nicht authentisch, sondern vom Anbieter fingiert, um einerseits eine pluralistisch-offene Grundhaltung zu suggerieren und andererseits weitere Nutzer, z.B. "Chelsea", zu animieren, sich in die Diskussion einzuschalten. Im Forum für Kinder gibt sich der Anbieter allerdings explizit zu erkennen, z.B. indem er Fragen beantwortet.

---

[13] Beitrag des Nutzers "Daniel Müller" vom 16. Mai 1997; Rechtschreibung und Interpunktion vom Verf. korrigiert, ebenso bei den im folgenden zitierten Beiträgen.

In den Chat-Foren sind ebenfalls wichtige Ausprägungen des vierten Subkriteriums von "Interaktivität" angelegt: Möglichkeiten interpersonaler Kommunikation. Darüber hinaus werden im Internet-Auftritt E-Mail-Formulare mit vorgefertigten Texten angeboten, die der User an Institutionen und Personen schicken kann, welche der Anbieter in ihren Anschauungen oder in ihrem Tun kritisiert. So kann der Nutzer eine E-Mail an den Bundeswirtschaftsminister abschicken[14] oder an die Norwegische Botschaft. Die Texte sind vom Anbieter vorformuliert, lassen sich jedoch vom User ohne Einschränkungen verändern. Kommunikation realisiert sich hier jedoch nicht innerhalb des Mediums, weil nicht gesagt ist, daß der Adressat auch reagiert. Dies wäre erst dann der Fall, würde das Ministerium dem einzelnen User über das Internet antworten, was hier nicht überprüft werden kann.[15]

Im Rahmen interpersonaler Kommunikation im Greenpeace-Auftritt ist es möglich, den Anbieter als solchen zu thematisieren (auf der allgemeinen Ebene die Organisation Greenpeace, speziell einzelne Gruppen oder Mitglieder) sowie die Interessen, Aktionen und Dienstleistungen des Anbieters. Formal ist interpersonale Kommunikation nur über Text möglich. Es können beliebig viele Personen teilnehmen. Ein vorgegebener Maximalumfang der Beiträge ist nicht erkennbar; allerdings sind einige E-Mail-Zuschriften als gekürzt gekennzeichnet. Interperso-

---

[14] Der von Greenpeace vorformulierte Text lautet: "Sehr geehrter Herr Bundesminister, ich unterstütze die Greenpeace-Forderung nach einem Markteinführungs-Programm für Photovoltaik und Windkraftanlagen. Schaffen Sie - als verantwortlicher Minister - den nötigen gesetzlichen Rahmen: Schreiben Sie eine Vorrangregelung im Energiewirtschaftsgesetz fest. Bauen Sie das Stromeinsparungsgesetz aus, damit regenerative Energien schnellstmöglich wirtschaftlich betrieben werden können. Geben Sie dem Klimaschutz eine Chance! Ich erkläre mich hiermit bereit, die geringen Mehrkosten über meine Stromrechnung mitzutragen. Die Greenpeace-Studie belegt, daß bereits bei einer Erhöhung um nur ein Viertel Pfennig pro Kilowattstunde rund 20.000 Arbeitsplätze geschaffen und erhalten werden können." - Als Unterschrift muß der Nutzer seine E-Mail-Adresse angeben.

[15] Nicht unter "Möglichkeiten interpersonaler Kommunikation" fallen: die Anregungen zu Brieftexten an den Bundeskanzler bzw. an die Bundesumweltministerin bei 067 und 068, der Musterbrief an Supermärkte und Lebensmittelhersteller zum Zwecke des Protests gegen gentechnisch behandelte Lebensmittel (112) und die entsprechend vorformulierte Verzichtserklärung für Unternehmen (113), die Anregung zu einem Aktionsbrief "an Shell und das nigerianische Militärregime" (269) oder ein entsprechender Aktionsbrief in bezug auf den Erhalt der Wälder; denn alle diese Anwendungen sind von ihrem Wesen her nicht internetspezifisch: Die Texte müssen ausgedruckt oder abgeschrieben werden und erreichen ihre Adressaten auf dem konventionellen Postwege. Deshalb sind sie für das "Interaktivitäts"-Kriterium "Möglichkeiten interpersonaler Kommunikation" nicht von Bedeutung - wohl aber im Hinblick auf die Option "Globalität/ Distribution/ Verfügbarkeit" (s.u.).

nale Kommunikation erfolgt zeitversetzt. Zwar sind die zeitlichen Abstände in den Chat-Foren teilweise sehr gering; von "simultaner" interpersonaler Kommunikation zu sprechen, wäre jedoch nicht zutreffend, weil die erneuten Gegenreaktionen der Kommunikationspartner ausnahmslos im Abstand mehrerer Tage erfolgen. Interpersonale Kommunikation wird im Rahmen der Foren durch den Anbieter kaum moderiert: Es gibt lediglich kurze Ankündigungen wie "Rosi meint", denen das Datum der E-Mail und deren Wortlaut folgt. Im Kinder-Forum geht die Moderation durch den Anbieter noch einen Schritt weiter, wenn sich die Redaktion in regelmäßigen Abständen einschaltet.

2. Optionen

Die Auswertung der Einzelkriterien hat gezeigt, daß der Internet-Auftritt von Greenpeace Deutschland viele Möglichkeiten nutzt, die das Medium bereitstellt. Die dominierenden Optionen sind "Netz" und "Globalität/ Distribution/ Verfügbarkeit". "Medienformenintegration" und "Interaktivität" sind ebenfalls als Nutzungsoptionen autonom und virulent, jedoch wirken sie zusätzlich unterstützend in bezug auf die beiden dominierenden Optionen.

Die Option "Netz" bezieht ihren Stellenwert im vorliegenden Internet-Auftritt vor allem aus dem stark ausgeprägten Kriterium "Links" in Verbindung mit der großen Zahl der Seiten und ihrer Organisation in Form einer Baumstruktur mit Variationen in höheren Seitengenerationen. Das bereits auf der theoretischen Ebene vermutete Spannungsverhältnis zwischen der Primärhierarchie und den diese durchbrechenden Links ist hier ebenso konkret nachvollziehbar wie die Vermittlungsleistung, die das dynamische Element "Navigation" übernimmt. Die "Netz"-Option dient im vorliegenden Internet-Auftritt dem Anbieter dazu, an bestimmten Stellen Inhalte miteinander zu verbinden, um den Nutzer kreuz und quer durch seine Aussagen, Programme, Forderungen und Aktionen zu dirigieren, damit dieser bei einer "Sitzung" möglichst viel vom Auftritt sieht. Damit einher geht eine verstärkte Präsenz bestimmter Informationseinheiten, welche der Anbieter favorisiert (Nutzerführung). Für den Nutzer bedeutet die stark ausgeprägte "Netz"-Option hier vor allem "Bewegungsfreiheit" innerhalb des Auftritts. Damit offeriert die Option für ungeübte Nutzer bzw. für Nutzer mit geringer Kenntnis des Internet-Auftritts ein Potential zur "Verzweiflung" oder auch zu zerstreuender Unterhaltung ("Herumzappen"); und für geübte Nutzer die Möglichkeit, von vielen Stellen aus den Auftritt gezielt zu durchstreifen.

Die ebenfalls dominierende Option "Globalität/ Distribution/ Verfügbarkeit" realisiert sich im vorliegenden Internet-Auftritt durch die Inhalte, die der Anbieter, gestützt auf seine Interessen, zugänglich macht. Zum einen sind dies die Informationen an sich, sofern sie Sachverhalte aus der Perspektive des Anbieters[16] darstellen: z.B. die täglich aktualisierten Berichte auf der Homepage, Pressemeldungen, Aufrufe oder Greenpeace-Studien zu bestimmten Themen. Zum anderen handelt es sich um die im Internet-Auftritt bereitgestellten, an den User gerichteten Möglichkeiten, Aktionen zu starten, die im Sinne des Anbieters liegen. Hierbei ist zwischen technisch angelegten und inhaltlich angeregten Möglichkeiten zu unterscheiden. (1) Technisch angelegt und direkt über das Medium Internet exerzierbar sind beispielsweise E-Mails an Entscheidungsträger. Auch das downloadbare "Soja-Spiel" fällt in diese Gruppe: Der Anbieter regt Nutzer dazu an, dieses Spiel in ihre eigenen Internet-Auftritte zu integrieren . Auf diese Weise gelangt das "Soja-Spiel" außerhalb des Greenpeace-Auftritts an verschiedene Stellen des WWW-Angebots und macht dort nach jedem Spielvorgang darauf aufmerksam: "Informationen zu genmanipulierter Soja und Produkten, die diese enthalten, finden Sie im Internet unter http://www.greenpeace.de". (2) In die Gruppe der nicht direkt über das Medium exerzierbaren, jedoch für "Globalität" ebenfalls entscheidenden Möglichkeiten fallen vorformulierte Brieftexte sowie Anregungen an den Nutzer, bestimmte Elemente des Internet-Auftritts auf seinem Drucker auszugeben und im Sinne des Anbieters einzusetzen: zum Beispiel ein Unterschriften-Flugblatt von Greenpeace, der Organisation BUND und der Verbraucherzentrale (122) oder die "Gelbe Karte für Ihren Supermarkt" (111), ein gelb hinterlegter Text, den der User einsetzen soll, um in Supermärkten gegen gentechnisch behandelte Lebensmittel zu protestieren, versehen mit der Anweisung: "Mit Farbdrucker ausdrucken oder auf ein gelbes Blatt Papier kopieren".

Nicht ganz so dominierend wie "Netz" und "Globalität", aber dennoch deutlich ausgeprägt, sind die beiden anderen Optionen. "Medienformenintegration" tritt gegenüber den beiden dominierenden Optionen vor allem deshalb in den

---

[16] Ein internet-spezifisches Beispiel, bei dem sowohl der eigentliche Distributions- als auch der Zeiteffekt deutlich werden, ist die Berichterstattung von Greenpeace während einer Aktion im Mururoa-Atoll. Der Information Technology-Manager von Greenpeace International, Jim Sweet, sagte während eines Kongresses im November 1995 in Heidelberg retrospektiv: "One of the things we are quite proud of doing in the Internet was when the Rainbow Warrior was first boarded by the French military, the video cameras were running and the Rainbow Warrior was transmitting that video information while the French commandos were still trying to get control of the Rainbow Warrior. And that came in to Greenpeace communications, we managed to get it on the Internet within the hour, so in fact we beat the world media to publish the information." (Vorfelder/ Sweet 1995, S. 146.) - Zwar vollzog sich dieses konkrete Beispiel nicht auf dem Deutschland-Server von Greenpeace, aber auch hier finden sich solche Berichterstattungsformen (z.B. ein Download eines Kommentars, den ein Aktivist an Bord eines Aktionsschiffes abgibt, bei 193 "Brennpunkt Offshore").

Hintergrund, weil die erzählerisch-integrative Ebene des Kriteriums "Organisation der Elemente", bezogen auf den Gesamtumfang des Internet-Auftritts, unterentwickelt ist. Gleichwohl sind, wie oben gezeigt, spezifische Konfigurationen vorhanden, die der Anbieter einsetzt, um seinen kommunizierten Interessen mediumspezifisch Ausdruck zu verleihen. Außerdem wird "Medienformenintegration", besonders innerhalb der Rubrik "Kids", zu Unterhaltungszwecken eingesetzt. Des weiteren wirkt "Medienformenintegration" im vorliegenden Internet-Auftritt unterstützend in bezug auf die Option "Netz": Indem auf der optisch-räumlichen Ebene der "Organisation der Elemente" ein weitgehend standardisiertes Layout bereitgestellt wird, unterstützt "Medienformenintegration" auf dieser Ebene das für "Netz" konstitutive Element "Navigation".

"Interaktivität" generiert sich als Option aufgrund zahlreicher und starker Ausprägungen des gleichlautenden Analysekriteriums. Dessen dominierendes Subkriterium ist im vorliegenden Internet-Auftritt die "Komplexität der Auswahlmöglichkeiten", die insbesondere mit der Organisation der Seiten und den Links korrespondiert, da es sich bei den Auswahlmöglichkeiten quantitativ in erster Linie um Navigationsmöglichkeiten handelt. Zusätzlich zu ihrem eigenen Stellenwert unterstützt die Option "Interaktivität" in ihren beiden Dimensionen "Möglichkeiten, Informationen einzuspeisen" und "Möglichkeiten interpersonaler Kommunikation" die Option "Globalität/ Distribution/ Verfügbarkeit": Die räumlichen Distanzen zwischen Anbieter und Nutzern sowie zwischen einzelnen Nutzern verlieren an Bedeutung. Dieser Aspekt ist freilich nicht nur für den Internet-Auftritt von Greenpeace zutreffend, sondern ein allgemeiner Effekt der "Globalitäts"-Eigenschaft des Mediums. Weil jedoch "Globalität/ Distribution/ Verfügbarkeit" im vorliegenden Internet-Auftritt als Option dominiert, ist dieses Verhältnis auch auf Optionen-Ebene zu berücksichtigen: als Korrespondenz zwischen den Optionen und nicht nur zwischen den Einzelkriterien.

Die vorstehende Analyse des Internet-Auftritts von Greenpeace Deutschland hat gezeigt, daß es mit Hilfe der in dieser Arbeit entwickelten Analysekriterien möglich ist, einen Internet-Auftritt zu beschreiben und sowohl auf der Ebene der Kriterien als auch auf der Ebene medium-spezifischer Nutzungsoptionen Spezifika für diesen Auftritt zu benennen. Im folgenden Kapitel wird gezeigt, wie Elemente in anderen Internet-Auftritten verschiedener Anbieter konfiguriert sind und welche Optionen sich daraus ergeben.

IV. VERTIEFENDER EXKURS: NUTZUNGSOPTIONEN IN AUSGEWÄHLTEN INTERNET-AUFTRITTEN

Es empfiehlt sich, eine größere Bandbreite faktischer Internet-Auftritte in den Blick zu nehmen, um die Potenz des neuen Mediums und seine Nutzungsmöglichkeiten konkreter zu veranschaulichen. Deshalb wurden im Rückgriff auf den in dieser Studie entwickelten Kriterienkatalog sechs weitere Internet-Auftritte ganz unterschiedlicher Anbieter analysiert: zwei kommerzielle Unternehmen wie Mercedes-Benz und Shell, die Bundesregierung und die SPD als politische Instanzen auf verschiedenen Ebenen (Exekutive und Partei), eine Gedenkstätte sowie eine Privatperson. Aussagen über "typische" Konfigurationen von Internet-Auftritten bestimmter Herkunft sollen hier nicht getroffen werden. Vielmehr soll gezeigt werden, daß Internet-Auftritte ihre statischen und dynamischen Elemente jeweils spezifisch einsetzen und so auch je spezifische Optionen generieren.

Die folgenden Analysen machen deutlich, daß dieser Einsatz von Elementen, ihre Hierarchisierung, ihre gegenseitige Verstärkung oder Aufhebung in Internet-Auftritten unterschiedlich stark medium-spezifisch erfolgt. Auch die eingesetzten Elemente an sich sind unterschiedlich spezifisch für das Medium. Beides führt auf der Ebene der Optionen dazu, daß Internet-Auftritte dem Nutzer wie dem Anbieter im Rahmen interessengeleiteter Kommunikation verschiedene Möglichkeiten in unterschiedlicher Intensität bieten und entsprechend bewertet werden können.

1. Gegenseitige Blockade der Elemente: Der Internet-Auftritt der Bundesregierung

Die Bundesregierung[1] präsentiert sich im Internet mit einem kombinierten Angebot. Über die Adresse "www.bundesregierung.de" gelangt der Nutzer auf die Homepage ("Die Bundesregierung informiert"). Das Browserfenster ist in drei Frames unterteilt: den Hauptframe auf der rechten Seite, einen (weit nach unten scrollbaren) Navigationsframe am linken Rand, der sein Aussehen je nach Stand-

---

[1] http://www.bundesregierung.de. Als Anbieter tritt das Presse- und Informationsamt der Bundesregierung auf. Der Internet-Auftritt wurde realisiert von der Frankfurter Societäts-Druckerei GmbH in Zusammenarbeit mit der GMD Forschungszentrum Informationstechnik GmbH und der Agentur gekko Gesellschaft für Kommunikation und Kooperation mbH, beide Sankt Augustin.

ort verändert, und einen schmalen Frame am unteren Rand des Hauptframes, auf dem sich Buttons zur Aktivierung eines Suchbefehls (viersprachig) bzw. eines Navigationsbefehls auf die Homepage befinden.

Abbildung 7: Homepage der Bundesregierung

Von der Homepage aus sind unter anderem modifizierte Versionen in Englisch, Französisch und Spanisch (s.u.) zugänglich sowie Verbindungen zu den einzelnen Bundesministerien. Die Bundesministerien treten mit eigenen Seiten in Erscheinung. Diese Seiten weisen unterschiedliche Informationstiefen, inhaltliche Systematiken und optische Gestaltungen auf, weshalb sie in dieser Analyse als eigenständige Internet-Auftritte klassifiziert werden, die sich unter dem Dach der Bundesregierung präsentieren und hier nicht einzeln untersucht werden. Entsprechend stellen sich die Verbindungen zu den Ministerien, bezogen auf den hier behandelten Internet-Auftritt der Bundesregierung, als anbieter-interne Links dar. Navigiert der User auf die Homepage eines Ministeriums, so erscheint diese innerhalb des Hauptframes, so daß der Nutzer jederzeit über einen Navigationsbefehl im linken Frame zum "Mutter-Auftritt" zurückwechseln kann. Anbieter-externe Links bestehen zu Internet-Auftritten politisch-institutionell verwandter Instanzen wie dem Bundestag oder dem Bundespräsidenten.

In unabhängigen Einheiten werden Versionen in Englisch, Französisch und Spanisch angeboten, die inhaltlich und gestalterisch kaum etwas mit dem deutschsprachigen Hauptteil gemeinsam haben. Dort werden unter anderem "facts and figures" (so die Bezeichnung in der englischsprachigen Sektion) vorgestellt: Informationen zur deutschen Geschichte, eine anklickbare Karte mit einzelnen Bundesländern etc. Außerdem gibt es in den fremdsprachigen Sektionen anbieterexterne Links, die der Vorstellung Deutschlands dienen, z.b. einen Link zum Internet-Auftritt des Aachener Doms.[2]

Auf der Ebene der Analysekriterien sind für den vorliegenden Auftritt vier Spezifika zu benennen: die Thematisierung des Anbieters in Text und Bild/ Grafik, die Textform, das (unterentwickelte) Kriterium "Interaktivität" sowie die spezifische Organisation der Seiten.

- Der Anbieter thematisiert sich ausführlich in Text und Bild. Auf dieser Ebene fällt auf, daß Personen und Ämter inhaltlich miteinander verwoben werden. Dies gilt besonders für die Person und das Amt des Bundeskanzlers. Der verfassungsrechtlich kodifizierte Status und die Aufgaben der Bundesregierung bzw. des Bundeskanzlers einerseits und der Lebenslauf des Bundeskanzlers, seine Arbeitsweise (idealtypischer Tagesablauf), Fotos des Bundeskanzleramtes und von Regierungsmitgliedern andererseits befinden sich nur wenige Navigationsschritte voneinander entfernt.

- Der inhaltlich sehr umfangreiche Internet-Auftritt greift vielfach auf Textmaterial zurück, das der Anbieter im Rahmen seiner Öffentlichkeitsarbeit ohnehin produziert: Es finden sich unter anderem Redemanuskripte des Bundeskanzlers, der "Jahresbericht der Bundesregierung", der komplette "Almanach der Bundesregierung", ein ausführliches Positionspapier zum Thema "Europa", die "Sozialpolitische Umschau" (zum Analysezeitpunkt allein hier 69 Beiträge in fünf Ausgaben) und das "Journal für Deutschland" (ca. 100 Beiträge in vier Ausgaben). Informationsmaterial dieser Art wird nur im Hinblick auf die Navigation internet-spezifisch aufbereitet: Der Almanach z.B. wurde mit einem eigenen Navigationsframe versehen, die Beiträge der "Sozialpolitischen Umschau" und des "Journals" sind in HTML-Einheiten aufgelöst und über entsprechende Inhaltsverzeichnisse aufzurufen. Jedoch ist das Material nicht

---

[2] Diese vom übrigen Auftritt abweichende Intention der fremdsprachigen Teile schlägt sich bereits auf der Homepage nieder: Die Überschrift "Die Bundesregierung informiert" wird transformiert in "Facts about Germany" bzw. "Allemagne - Faits et réalités" bzw. "La actualidad de Alemania".

weiter für das Internet aufbereitet: Es gibt keinerlei Links in den Fließtexten, so daß der User die Beiträge linear lesen muß, als blättere er in den entsprechenden Print-Erzeugnissen. Medium-spezifisch hingegen ist, daß einige als "Broschüren" gekennzeichnete Materialien per Download direkt auf den Computer des Nutzers überspielt werden können.

- "Interaktivität" ist im vorliegenden Auftritt signifikant unterentwickelt: Das Medium kann nicht auf den User reagieren, der User kann dem Internet-Auftritt keine Informationen hinzufügen, Möglichkeiten interpersonaler Kommunikation sind nicht vorgesehen.[3] Die einzige vorhandene Dimension von "Interaktivität" ist die Komplexität der Auswahlmöglichkeiten. Diese realisiert sich jedoch in erster Linie durch die Masse der möglichen Navigationsbefehle und nicht durch wirkliche "Freiheit" des Nutzers, sich an verschiedenen Stellen eigenständig für einen bestimmten Weg zu entscheiden.

- Der letztgenannte Aspekt ist bedingt durch die spezifische Organisation der Seiten im Internet-Auftritt der Bundesregierung. Durch den permanenten Navigationsframe entsteht auf Seiten niedrigerer Generationen eine Plenarstruktur. Dringt der Nutzer weiter vor zu Seiten, die tiefer in der Hierarchie plaziert sind, so kann er, während der Navigationsframe mit seinen Auswahlmöglichkeiten im Regelfall erhalten bleibt, innerhalb dieser thematischen Einheiten konsequenten Baumstrukturen folgen. Unübersichtlich wird der Internet-Auftritt zusätzlich dadurch, daß der Navigationsframe in zwei Versionen existiert: Aktiviert der User von der Homepage aus eine der Verbindungen zu "Die Bundesregierung", "Der Bundeskanzler", "Presse- und Informationsamt" oder "Die Bundesministerien", so erscheint links ein neuer Navigationsframe, der Navigationsmöglichkeiten auf alle Seiten der nachfolgenden Generation anbietet, unabhängig von der aktuell aufgerufenen Rubrik. Der User befindet sich also unvermittelt in einem neuen Plenar, aus dem heraus er zwar die gesamte nachfolgende Generation überblicken, jedoch nicht die genannten Startseiten der Bereiche ansteuern kann.

---

[3] Zwar hat der User an einigen Stellen die Möglichkeit, eine E-Mail an den Anbieter zu senden; jedoch wird dieser Vorgang mit einer bürokratischen Diktion eingeleitet, die eher abschreckend wirkt, und ist unnötig formalisiert: "Nachfolgend haben Sie die Möglichkeit, eine Mitteilung abzusenden. Bitte beachten Sie, daß Sie eine Adresse angeben müssen, da eine E-Mail-Adresse allein nicht immer zur Bearbeitung ausreicht." Der Nutzer muß in einem Formular mit neun Feldern umständlich Namen, Straße, Hausnummer, Land, Postleitzahl usw. angeben und seine Nachricht als "Mitteilung", "Frage" oder "Bestellung" spezifizieren.

Die vier genannten Spezifika führen auf der Ebene der Optionen zu einer Art Patt-Verhältnis zwischen den Elementen des Auftritts. Zwar ist es prinzipiell möglich, ohne großen Navigationsaufwand von jeder Informationseinheit zu (fast) jeder anderen zu gelangen, jedoch wird die Option "Netz" durch die fehlende "Userführung" blockiert: Der Rezipient sieht sich mit einer großen Freiheit konfrontiert, die er kaum erkenntnisleitend nutzen kann (Warum sollte er auf eine bestimmte Seite wechseln? In welchem Zusammenhang steht eine Seite mit der zuletzt betrachteten?). "Interaktivität" ist, wie am entsprechenden Kriterium gezeigt, unterentwickelt. "Medienformenintegration" vollzieht sich aufgrund des hohen Anteils übernommenen Materials, das nur zu einem gewissen Grade medium-spezifisch aufbereitet ist, ebenfalls kaum. Eine medium-spezifische Erzählweise wird nicht etabliert. Zwar werden auf der Homepage farbige Dreiecke, die sich um sich selbst drehen, eingesetzt, um das Erscheinungsbild zu dynamisieren, sie korrespondieren mit Dreiecken im linken Navigationsframe, die sich gleich einem Pfeil von links nach rechts bewegen und auf die Seite "News" deuten. Diese animierten Teile sind jedoch nicht mehr als ein Blickfang, der nirgendwo anders im Auftritt eingesetzt wird und für die Erzählweise ohne Funktion bleibt. Lediglich die nicht-textliche Ausgestaltung von Verbindungen, etwa auf der Homepage in Form von Fotos, setzt die Elemente Bild/ Grafik und Text in ein Verhältnis zueinander, das für das Medium Internet spezifisch ist: Man kann über einen Mausklick auf ein Bild zu einer Informationseinheit gelangen, auf der Text zur Vermittlung eingesetzt wird.

Auch "Globalität/ Distribution/ Verfügbarkeit" realisiert sich als Option nur mit großen Einschränkungen: Der User kann auch auf anderen Wegen an die im Internet-Auftritt verfügbare Information gelangen, zumal es sich in vielen Fällen ohnehin um Dokumente anderer medialer Herkunft handelt. Das Internet wird hier also nur als alternativer, nicht als originärer Distributionskanal eingesetzt. "Globalität", als die am ehesten für den vorliegenden Internet-Auftritt relevante Option für Anbieter und Nutzer ist in zweifacher Hinsicht für interessengeleitete Kommunikation von Bedeutung: Zum einen spielt der Zeiteffekt eine Rolle, d.h. der User kann schneller und unkomplizierter an das Material kommen, z.B. indem er ein Redemanuskript ausdruckt oder den Download einer Broschüre vornimmt; zum anderen erhält das Presse- und Informationsamt der Bundesregierung hier Gelegenheit, sich selbst vorzustellen, was dem Anbieter ermöglicht, Transparenz in der Öffentlichkeitsarbeit der Bundesregierung zu suggerieren. Im Hinblick auf die fremdsprachigen Sektionen spielt "Globalität" ebenfalls eine Rolle, weil die Bundesregierung das Land einer internationalen Zielgruppe vorstellt.

Während im Internet-Auftritt der Bundesregierung Elemente, die (weitgehend) unspezifisch für das Medium sind, in einer ebenso nicht medium-spezifischen Weise eingesetzt werden, bedient sich der im folgenden untersuchte Internet-

Auftritt "Charlies WWW-Seite" in höherem Maße spezifischer Elemente, die zwar partiell internet-spezifisch eingesetzt werden, sich jedoch einer traditionellen Präsentationsform unterordnen: dem Foto- oder Familienalbum.

2. "Fotoalbum-Erzählweise": "Charlies WWW-Seite"

Angeschlossen an den Internet-Auftritt eines EDV-Unternehmens ist "Charlies WWW-Seite".[4] Als Anbieter ist die nicht näher spezifizierte Person, die den Internet-Auftritt programmiert hat, zu identifizieren (vermutlich die an einer Stelle genannte Mutter von "Charlie"): Sie läßt das zweijährige Kind Charlie als "Ich"-Erzähler auftreten.

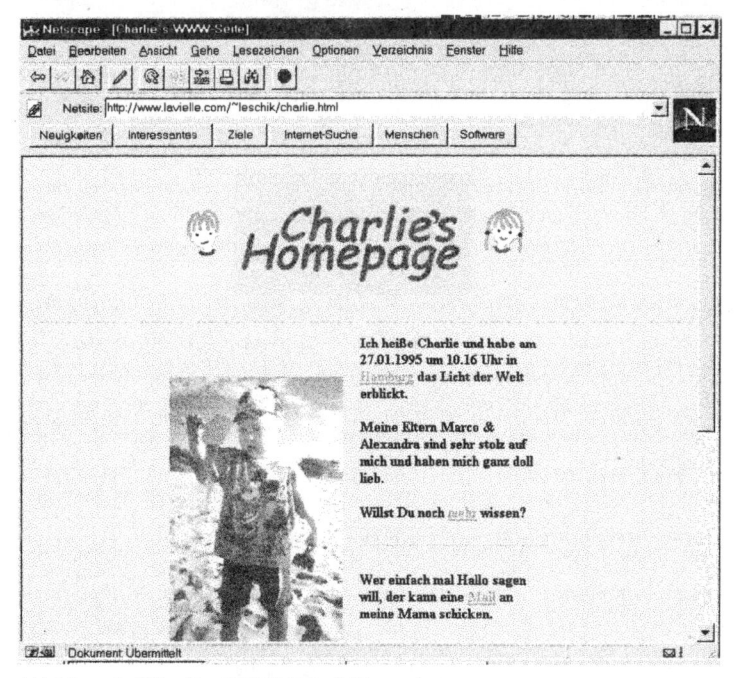

Abbildung 8: "Charlies WWW-Seite" (Startseite)

---

[4] http://www.lavielle.com/~leschik/charlie1.html. Der Internet-Auftritt wurde mit Unterstützung der Firma Lavielle EDV Systemberatung GmbH & Co. realisiert, auf deren Server er sich auch befindet.

Der Auftritt umfaßt drei Seiten. Die Startseite "Charlies WWW-Seite" enthält ein Foto des Kindes und eine kurze Anmoderation sowie die Aufforderung, eine E-Mail an Charlies Mutter zu schicken. Die Seite "Mehr Infos über Charlie" präsentiert sechs Text-Absätze, in denen Charlie über sein Alter, seinen Kindergarten, seine Lieblingsbeschäftigung, sein liebstes Spielzeug und seine "Lieblinge" berichtet. Die Absätze sind abwechselnd links und rechts positioniert; auf der jeweils anderen Seite befindet sich eine bildliche Illustration (z.B. drei Kleeblätter, ein Frosch, Luftballons usf.). Obwohl die Absätze nur wenige Zeilen umfassen, befinden sich im Seitenkopf fünf seiten-interne Links zu den genannten Aspekten. Die dritte Seite stellt den Kinderverein "Die Zipfelmützen" vor: die Kindertagesstätte, die Charlie besucht. Umrahmt von horizontal verlaufenden Stiefmütterchen wird die Adresse genannt und das Konzept in acht Zeilen stichwortartig vorgestellt. Der Ablaufplan stellt sich wie folgt dar:

Hierarchie/ lfd. Nr. 1. 2. 3. Generation	Links[5]
001 Charlies WWW-Seite	2 AE: • Stadt Hamburg • Lavielle
002 Mehr Infos über Charlie	5 SI AE: Lavielle
003 Die Zipfelmützen	001 AE: Lavielle

Allgemeine sprachliche sowie spezielle internet-spezifische Elemente werden hier eingesetzt, um eine "Fotoalbum-Erzählweise" zu generieren: Die für Nutzer außerhalb des familiären Bekanntenkreises irrelevante Information über das Kind wird liebevoll in Szene gesetzt und illustriert - wie in einem Familienalbum oder einem Rundbrief, den man an Familienmitglieder und Freunde versendet. Während auf der textlichen Ebene die "Ich"-Form[6] einer konventionellen, medien-unabhängigen Strategie folgt, sind andere Elemente zur Generierung der "Fotoalbum-Erzählweise" internet-spezifisch umgesetzt:

- Der User muß "umblättern" und wird dazu mit einem kleinen "Cliffhanger" gegen Ende der Seite 001 animiert: "Mehr Infos über Charlie". Eine weitere

---

[5] Abkürzungen: AE= Anbieter-externe Links; SI= Seiten-interne Links
[6] Eine willkürlich aus 002 herausgegriffene Passage zur Verdeutlichung: "Bei schönem Wetter tobe ich am liebsten draußen an der frischen Luft herum, aber wenn's regnet, dann finde ich das auch nicht schlimm und patsche voller Freude durch die größten Pfützen! Ich spiele aber auch gern mit meiner Lego-Eisenbahn (denn die hat viele tolle Anhänger) (...)."

Seite zu programmieren, wäre angesichts des geringen Umfangs des Gesamtauftritts nicht zwingend erforderlich. Hier wird, ähnlich wie in einem Fotoalbum, das Umblättern eingesetzt, um die wenigen Informationen, die es zu vermitteln gilt, künstlich zu dramatisieren. Das "Umblättern" geschieht im Medium Internet per Mausklick, anschließend muß der User darauf warten, daß sich die Seite 002 aufbaut. Insofern wird der Seitenwechsel über den Mechanismus des konventionellen Fotoalbums hinaus eingesetzt, um Neugier beim User zu evozieren.

- Animation, als internet-spezifische technische Applikation, schafft einen zusätzlichen erzählerischen Effekt. Pfeile, die auf Navigationsbefehle verweisen, drehen sich um sich selbst. Bei 002 steigt ein Clown mit Hilfe einiger Luftballons in die Höhe, während ein zweiter zusieht; die Ballons zerplatzen, der Clown fällt zu Boden. Dieser Vorgang wiederholt sich permanent. Während dieses Gestaltungselement keinen Bezug zum Text aufweist (und insofern metakontextuell, jedoch nicht kontextualisierbar ist), beziehen sich andere animierte Darstellungen metaphorisch auf Charlies Schilderungen: Der blinzelnde Frosch soll auf die Größe Charlies ("(...) 90 cm hoch") anspielen; der von Charlie erwähnte Teddy hält ein Schild vor sich, auf dem die Sätze "Thank you for stopping by" und "Come back soon" einander abwechseln. Animation dient im vorliegenden Internet-Auftritt dazu, die Blicke des Users auf sich zu ziehen, das textlich Dargestellte zu illustrieren und optisch zu dynamisieren.

Beide eingesetzten internet-spezifischen Elemente schaffen keinen informationellen Mehrwert. Wie auch der Text in seiner inhaltlichen Dimension dienen sie nur dazu, Charlies Erzählung zu unterstützen. Im vorliegenden Internet-Auftritt ist einzig die Option "Medienformenintegration" vorhanden, allerdings nicht in bezug auf den User, der mit der vermittelten Information an sich wenig anfangen kann - sondern in ihrer Bedeutung für den Programmierer, vermutlich Charlies Mutter, der sich im Wege der Erstellung des Auftritts mit der Existenz des Kindes auseinandergesetzt hat - wie beim Zusammenkleben und Beschriften von Familienfotos.

Ebenso im Zeichen einer traditionellen Präsentationsform, jedoch stärker userorientiert und mit anderen Nutzungsoptionen, steht der Internet-Auftritt der Deutschen Shell AG. Wie viele kommerzielle Unternehmen betreibt Shell einen umfangreichen Server, dessen Inhalte zum Teil originär für dieses Medium erstellt wurden, zum Teil im Internet eine Zweitverwertung erfahren. Ebenso verhält es sich mit der Medium-Spezifität der Elemente und ihres Einsatzes, wie im folgenden gezeigt wird.

3. "Broschüren-Erzählweise": Der Internet-Auftritt der Deutschen Shell

Indiz für die Kommerzialisierung des Internet ist die verstärkte Präsenz kommerzieller Unternehmen aus den unterschiedlichsten Branchen, die, häufig unter Zuhilfenahme spezialisierter Dienstleister wie PR-, Werbe- oder Multimediaagenturen, Auftritte im Internet installieren. Ein solcher ist der hier herausgegriffene Internet-Auftritt der Deutschen Shell AG.[7] Der Auftritt ist in die Rubriken "Aktuell", "Das ist Shell", "Welt des Öls", "Umweltinfos", "Journalisten-Treff" und "Verbraucher-Info" unterteilt. Außerdem gibt es die drei Einzelseiten "Suche", "Feedback" und "Weitere Informationen".

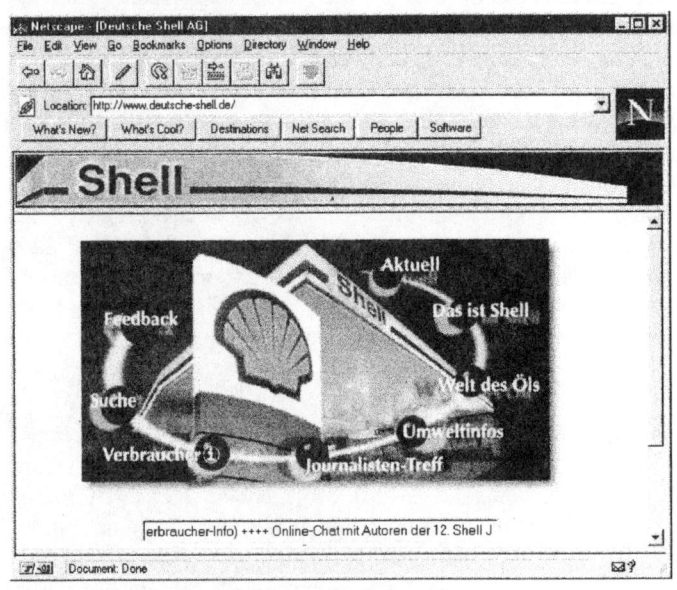

Abbildung 9: Homepage der Deutschen Shell AG

Die Rubrizierung manifestiert sich in einer konsequent umgesetzten Baumstruktur: Von der Homepage aus gelangt der Nutzer auf die Startseiten der jeweiligen Rubriken (Seiten zweiter Generation), denen weitere Seiten, teilweise über mehrere Generationen hinweg, nachgeordnet sind. Zwischen Seiten einer Rubrik oder rubriken-übergreifend wechseln kann der User nur an 18 Stellen. Das ergibt, bei

---

[7] http://www.deutsche-shell.de.

66 hier unterschiedenen Seiten, einen Durchschnitt von 0,27 (auftritts-internen) Links pro Seite. Daß konsequente themenbezogene Rubrizierung und ein hoher Link-Anteil einander nicht ausschließen, zeigt ein Vergleich mit dem Auftritt von Greenpeace, bei dem ein mehr als sechsmal so hohes Verhältnis errechnet wurde: 1,81 Links pro Seite.

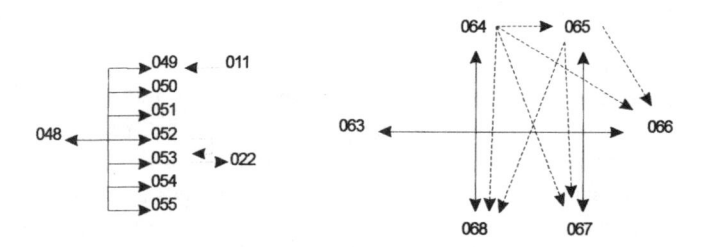

Abbildung 10: Organisation der Seiten in den Internet-Auftritten von Shell und Greenpeace (links die Shell-Rubrik "Umweltinfos", rechts die Unterrubrik "Das Tschernobyl-Desaster" bei Greenpeace)

Bei Greenpeace werden Seiten zu abgegrenzten Themen vielfach wie hier nicht in Baumstrukturen, sondern in (Semi-) Plenaren organisiert. Aufgrund dieser Konstruktion kann sich der Nutzer den zusätzlichen Navigationsschritt auf die übergeordnete Seite ersparen und direkt diejenige Seite ansteuern, die ihn, ausgehend von der zuletzt betrachteten, am meisten interessiert. Hinzu kommt, daß viele plenar-interne Links zusätzlich im Fließtext angeboten werden. Bei Shell hingegen sind solche Links eher selten; auch nur im Ansatz von einer Plenarstruktur zu sprechen, wäre an keiner Stelle zutreffend. Lediglich bei den Rubrikenstartseiten besteht die Möglichkeit, mittels eines waagerecht am unteren Bildrand verlaufenden Navigationsbalkens auf sämtliche anderen Seiten dieser zweiten Generation zu wechseln, was diese Generation faktisch als Plenar konstituiert[8]; jedoch verschwindet diese Navigationsmöglichkeit, sobald der User tiefer in die Baumstruktur einer Rubrik vordringt.

Der restriktive Einsatz von Links konstituiert eine Erzählweise, die der einer Unternehmensbroschüre vergleichbar ist, in der sich das Unternehmen Kapitel für Kapitel darstellt und die einzige Möglichkeit für einen Rezipienten, der nach be-

---

[8] Dieser Umstand wurde bei der Ermittlung der Zahl der durchschnittlichen auftritts-internen Links pro Seite nicht berücksichtigt. Auch bei der Analyse von Greenpeace sind die permanenten Links, die sich über den Navigationsbalken ergeben, nicht in diese Rechnung eingegangen.

stimmten Informationen sucht, darin besteht, diese Kapitel daraufhin durchzublättern, zu lesen oder zu überspringen (abgesehen vom hier installierten Suchbefehl, der dem Index einer Broschüre entspricht). Der Anbieter nutzt die Hierarchie der Seiten sogar für einen Effekt, der über die Eigenschaft einer Broschüre hinausgeht und die "Netz"-Option des Internet in ihr Gegenteil verkehrt: Bevor der User bestimmte Informationen einsehen darf, wird er systematisch an anderen Informationen vorbeigeführt, die der Anbieter im Kommunikationsvorgang "unterbringen" will. So hat der User beispielsweise keine andere Möglichkeit, an "Informationen zu Brent Spar" (016) heranzukommen, ohne zuvor die entsprechende Rubrikenstartseite 005 "Das ist Shell" zumindest flüchtig betrachtet zu haben; dort wiederum hat der Anbieter rubriken-interne Verbindungen plaziert, die auf Seiten und eine ganze Unterrubrik verweisen, auf denen er sich selbst ausführlich thematisiert.

Die "Broschüren"-Erzählweise wird unterstützt durch ein zweites Spezifikum des Internet-Auftritts von Shell: den illustrativen Einsatz von Fotos im "Hochglanz"-Stil. Auf den Rubrikenstartseiten befinden sich Fotos, die das jeweilige Thema illustrieren: lachende Mitarbeiter bei "Das ist Shell" und "Welt des Öls", eine Raffinerie bei "Umweltinfos", eine Frau, die ihr Auto betankt, bei "Verbraucher-Info", zwei Personen, offensichtlich ein Tankwart und ein Kunde, bei "Feedback" usf. Motive und Gestaltung der Fotos erinnern an entsprechende Darstellungen in Geschäftsberichten oder anderen Unternehmenspublikationen: Die Fotos bieten positive Assoziationen zur textlich vermittelten Information an, indem sie Details verschweigen (z.B. die Identität des Mitarbeiters, seine Aufgabe etc.) und statt dessen auf visuelle Effekte setzen: Die Raffinerie ist in verzerrter "Fischaugen"-Perspektive aus Untersicht dargestellt, die silbernen Rohre blitzen, der Himmel ist stahlblau; Tankwart und Kunde umarmen sich kumpelhaft usf.

Die bisher genannten Elemente Text und Bild/Grafik sowie die Organisation der Seiten und - mit letzterem verbunden - Navigation und Links werden im vorliegenden Internet-Auftritt einer Erzählweise untergeordnet, die dem Medium nicht entspricht. "Medienformenintegration" und besonders "Netz" werden als mögliche medium-spezifische Optionen durch diesen Einsatz der Elemente unterdrückt. Anders verhält es sich mit dem Element "Service", das signifikant stark ausgeprägt ist und medium-spezifisch eingesetzt wird: Der Internet-Auftritt von Shell offeriert Download-Möglichkeiten für Pressemeldungen, Foren zur gesonderten Informationsbefriedigung bestimmter Zielgruppen ("Journalisten-Treff", "Verbraucher-Info") und, ähnlich wie die Bundesregierung (s.o.), Bestell-Optionen für Printmaterial, welches der Anbieter im Rahmen seiner Öffentlichkeitsarbeit bereitstellt. In dieser Hinsicht wird die entscheidende Nutzungsoption des Auftritts konstituiert: "Globalität/ Distribution/ Verfügbarkeit". Der Anbieter macht mit seinen Pressemitteilungen Informationen verfügbar, die dem Nutzer (sofern er nicht Journalist ist) nicht direkt zugänglich sind bzw. der Anbieter schafft sich einen alternativen Distributionskanal für das von ihm herausgegebene Material (Print-Broschüren); der Nutzer kann auf diese und weitere statistische Daten zugreifen wie beispielsweise Informationen über die Zahl der Tankstellen in Deutschland. Maßgeblich ist hierbei besonders die Rubrik "Welt des Öls".

Auf diese Weise kann der Anbieter den vorliegenden Internet-Auftritt dazu nutzen, sich gegenüber dem User als kompetent in bezug auf sein Geschäftsfeld zu positionieren. Auf der inhaltlichen Ebene ist es dem Anbieter möglich, zunächst seinen Informationsvorsprung, den er gegenüber dem User hat, zu vermitteln, um dann seine Einschätzung zu bestimmten Themen zugespitzt und für den User nunmehr als plausibel erscheinend darzulegen: etwa innerhalb der Rubrik "Welt des Öls", wo es, zunächst im Mantel der neutralen Statistik, um "Öl in Deutschland" (018), "Raffinerien in Deutschland" (019), "Öl in der Welt" (020), "OPEC" (021), und "Tankstellen in Deutschland" (022) geht, dann um den Benzinmarkt allgemein und schließlich um ein vom Anbieter favorisiertes Thema: "Mineralölsteuern treiben den Preis" (028). Der Anbieter kann den Nutzer führen, weil diese Rubrik "Welt des Öls" nach außen hermetisch abgeschlossen ist - bis auf eine bewußte Durchbrechung, die ebenfalls der Vermittlung von Kompetenz dient: die acht anbieter-externen Links, die bei 047 angeboten werden.

Der Einsatz teils medium-spezifischer und überwiegend -unspezifischer Elemente, wie ihn Shell vornimmt, läßt sich auch an einem Internet-Auftritt ganz anderer Herkunft nachvollziehen: der KZ-Gedenkstätte Flossenbürg in Bayern. Auch hier wird durch den Einsatz der Elemente eine Erzählweise konstituiert, die typisch für eine traditionelle Präsentationsform ist - hier nicht wie in den Printmedien, sondern in klassischer Museumsdidaktik.

4. "Museums-Erzählweise": Der Internet-Auftritt der KZ-Gedenkstätte Flossenbürg

Der Internet-Auftritt der KZ-Grab- und Gedenkstätte Flossenbürg[9] informiert über ein ehemaliges Konzentrationslager im Norden Bayerns. Der Auftritt ist in 13 thematische Einheiten unterteilt: "Das KZ-System / Allgemeines", "Anfänge / Aufbau KZ Flossenbürg", "Lagergeschichte", "Opfer", "Täter", "Außenlager", "Todesmärsche / Befreiung", "Nach 1945 / Aufbau Gedenkstätte", "Orientierungspläne", "Gedenkstättenrundgang, Besucherhinweise, Kontakte, Links", "Literatur", "Hinweise für Schulklassen" und "Stimmen".

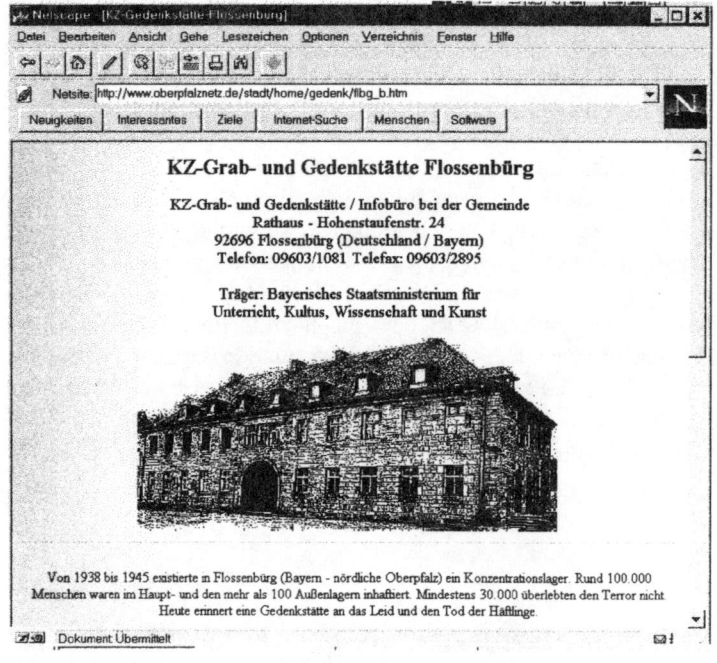

Abbildung 11: Homepage der KZ-Gedenkstätte Flossenbürg

---

[9] http://www.oberpfalznetz.de/stadt/home/gedenk/flossenb.htm. Träger der Gedenkstätte ist das Bayerische Staatsministerium für Unterricht, Kultur, Wissenschaft und Kunst. Anbieter des Internet-Auftritts ist die Gemeinde Flossenbürg, die ein entsprechendes Informationsbüro betreibt. Der Auftritt ist über einen lokalen Server "Oberpfalznetz" zu erreichen; Links zum vorliegenden Auftritt finden sich in mehreren Internet-Auftritten, die sich dem Thema Nationalsozialismus widmen, z.B. in Auftritten anderer KZ-Gedenkstätten.

Nachdem der User die Homepage betrachtet hat, muß er einen Navigationsframe zuschalten. Es können insgesamt 35 "Seiten" unterschieden werden.[10] Sie sind in zwei Plenaren und einer linearen Folge organisiert, wobei sich die Organisation an inhaltlichen Gesichtspunkten orientiert (vgl. Ablaufplan im Anhang): Plenar 1 umfaßt die o.g Kapitel (Seiten 002 bis 005, 016 bis 021 und 033 bis 035 bzw., bei den Kapiteln "Opfer" (005) und "Gedenkstättenrundgang" (021), deren Startseiten); Plenar 2 bildet das gesamte Kapitel "Gedenkstättenrundgang" (021 bis 032), es liegt also innerhalb von Plenar 1, ist aber von diesem getrennt, da es nur über 005 "Opfer" zugänglich ist; die lineare Folge befindet sich im Kapitel "Opfer" und zeigt neun Zeichnungen eines ehemaligen Lagerhäftlings, die nur nacheinander aufgerufen werden können; zwar ist es hier möglich, auf den erläuternden Text (006) zurückzuspringen, von dort aus jedoch beginnt die Reihe erneut mit dem ersten Bild.

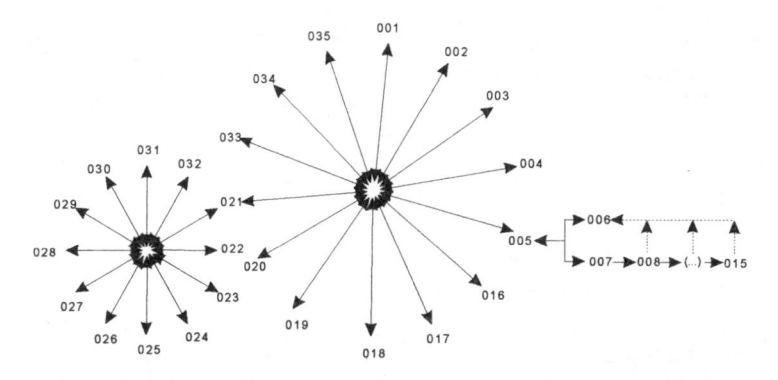

Abbildung 12: Organisation der Seiten des Internet-Auftritts der KZ-Gedenkstätte Flossenbürg

---

[10] Obwohl der Auftritt nicht sonderlich umfangreich oder komplex ist, erweist es sich als schwierig, die genaue Zahl der "Seiten" zu bestimmen und in einem Ablaufplan (siehe Anhang) zueinander in Beziehung zu setzen. Die Fläche des Broswerfensters (Ausnahme: Homepage) ist in einen Hauptframe (rechts) und einen Naviagtionsframe (links) unterteilt; bei 021 bis 032 ("Gedenkstättenrundgang") sind es ein Hauptframe und zwei übereinander angeordnete Navigationsframes. Um Seiten zu unterscheiden, wurden die Frames, die zu einem beliebigen Nutzungszeitpunkt sichtbar sind, zu einer Seiteneinheit zusammengefaßt. Ausgehend von den Verbindungen, die auf den jeweiligen Navigationsframes angeboten werden, wurde nach dem Prinzip der ersten Verbindung die Ordnung der Seiten bestimmt.

Information wird vorwiegend durch Text vermittelt. Fotos und Grafiken werden fast ausschließlich zu Illustrationszwecken eingesetzt. Ausnahmen bilden die Seiten 021 "Gedenkstättenrundgang" - wo ein anklickbarer schematisierter Lageplan verdeutlicht, an welcher geographischen Stelle sich ein Objekt innerhalb der Gedenkstätte befindet - sowie die Bilderfolgen 007 bis 015 und die Orientierungspläne bei 020, wo die jeweils gezeigten Zeichnungen den eigentlichen Informationsgehalt ausmachen und wo umgekehrt Text flankierend eingesetzt wird. Die dominierenden textlichen Informationen beziehen sich auf der allgemeinen und speziellen Ebene auf den Anbieter: die Gedenkstätte, ihre Geschichte, das KZ-System etc.; Ansichten, Meinungen oder Interessen des Anbieters werden kaum thematisiert und schlagen sich eher indirekt nieder, vor allem bei der angegebenen weiterführenden Literatur (033). Dort findet sich auch das einzige Service-Element des Auftritts: ein E-Mail-Formular, das dem User erlaubt, fünf Bücher per Nachnahme zu bestellen.

Die stark textorientierte Vermittlung führt auf der Ebene möglicher Optionen dazu, daß "Medienformenintegration" und "Netz", die angesichts der dargelegten Spezifika des Internet-Auftritts als dominierende Optionen in Frage kämen, sich nur in geringem Ausmaß realisieren, weil die medium-spezifischen Elemente, die diese beiden Optionen generieren könnten, zugunsten reinen Textes in den Hintergrund treten:

- Texte und Bilder werden in einer Weise integriert, die nicht internet-spezifisch ist, sondern Traditionen der Printmedien folgt: Lange Textpassagen werden durch den Einsatz von Bildern aufgelockert, Texte umfließen Bilder, an einigen Stellen gibt es Bildunterschriften. Die Anordnung ist übersichtlich und ohne nennenswerte Layout-Effekte. Die Präsentation ähnelt der einer traditionellen Stellwand in einem Museum. "Medienformenintegration" ist somit als Option nicht vorhanden.

- Die durch die Frame-Architektur konstituierte Plenarstruktur wird durch zwei Aspekte weitgehend nivelliert. (1) Zwar ist es prinzipiell möglich, von jeder Seite innerhalb eines Plenars auf jede andere zuzugreifen, jedoch suggeriert der chronologische und inhaltlich zwingende Aufbau des Navigationsframes eine Abrufsequenz, die bei 002 "Das KZ-System / Allgemeines" beginnt, der Historie folgt (003 "Anfänge" bis 019 "Nach 1945"), bei der Gegenwart (020 "Orientierungspläne" und 021 "Gedenkstättenrundgang") endet und anschließend ergänzende Informationen bietet (033 "Literatur", 034 "Hinweise für Schulklassen" und 035 "Stimmen"). Hält sich der Nutzer an diese determinierte Dramaturgie, so ergibt sich auch auf dieser Ebene eine museale Erzählweise: Der Besucher wird der Reihe nach an bestimmten Objekten vorbeigeführt, denen er unterschiedliche Aufmerksamkeit widmen kann, und endet schließlich in einem Museumsshop, der einerseits Service oder Souvenirs bietet, andererseits den Besucher wieder in die außermuseale Welt entläßt. Ebenso ist im Internet-Auftritt der "Rundgang" durch die Gedenkstätte angelegt: Der eingezeichnete Weg zwischen den anklickbaren Feldern, die auf einzelne Objekte verweisen, gibt dem User eine Route vor, die er zwar nicht einschlagen muß, die jedoch als logisch und "optimal" erscheint. (2) In den (zumeist langen) Texten auf den einzelnen Seiten findet sich nicht ein einziger Link. "Springen" von einer Seite auf die andere ist nur über den permanenten Navigationsframe möglich, der die oben erwähnte inhaltlich-chronologische Ordnung favorisiert. Dem User wird nicht angeboten, Stellen in verschiedenen Texten assoziativ zu verknüpfen; er kann die Rezeption einer Textpassage allenfalls vorzeitig abbrechen. Folglich ist im vorliegenden Internet-Auftritt die Option "Netz" unterentwickelt - trotz einer beinahe "reinen" Plenarstruktur.

Ungeachtet dessen sind die Auswahlmöglichkeiten, als Kriterium für die Option "Interaktivität", bezogen auf die Größe des Auftritts relativ komplex, allerdings nur in quantitativer, nicht in qualitativer Hinsicht: Es handelt sich, mit Ausnahmen bei 001 und 022, wo Feedback möglich ist, ausschließlich um Möglichkeiten des Navigierens. Besonders hoch ist die Zahl innerhalb des Plenars 2 ("Gedenkstättenrundgang"): Auf dessen Startseite 021 bestehen 24 Möglichkeiten, bei den einzelnen Objekten (022 bis 032) jeweils 10 zuzüglich der 24 Alternativen der Startseite 021. "Interaktivität" realisiert sich im vorliegenden Internet-Auftritt jedoch nur eingeschränkt, weil ihre anderen drei Dimensionen nicht gegeben sind: Das Medium ist nicht in der Lage, auf den User zu reagieren, der User kann keine Informationen einspeisen, und interpersonale Kommunikation wird, abgesehen von einer nicht personalisierten E-Mail-Option an den Anbieter, ebenfalls nicht ermöglicht.

Es verbleibt "Globalität/ Distribution/ Verfügbarkeit" als mögliche Option. Die KZ-Gedenkstätte Flossenbürg profitiert davon, daß ihr Internet-Auftritt in verschiedenen thematisch verwandten Internet-Auftritten als Link angeboten wird. So gelangen auch Nutzer, die nicht in Nordbayern wohnen und nichts von der Existenz der Gedenkstätte wissen, zu diesem Auftritt. Umgekehrt verweist der Anbieter auf andere Gedenkstätten und verwandte Themen im Internet. Dies ist allerdings ein grundsätzlicher Effekt der genannten Option und nicht für den vorliegenden Internet-Auftritt spezifisch. Anders als beispielsweise die Organisation Greenpeace, die Flugblätter über das Internet vertreibt, welche sich interessierte Nutzer ausdrucken und außerhalb des Internet, z.B. bei Demonstrationen, verwenden können (wodurch ein solches Flugblatt selbst zum Medium wird), werden hier nur Inhalte verbreitet, die der Anbieter auch über andere Medien zugänglich machen könnte und zugänglich macht. Umgekehrt kann auch der User, etwa indem er die Gedenkstätte "real" aufsucht, an die Inhalte gelangen. Folglich ist "Globalität" hier als Option für interessengeleitete Kommunikation nur im Hinblick darauf bedeutsam, daß Nutzer aus aller Welt einen Einblick bekommen können in die Verbrechen der NS-Diktatur. Weil der vorliegende Internet-Auftritt jedoch nur auf deutsch angeboten wird, unterliegt seine globale Rezeption sprachlichen Barrieren.

Ein Nutzer des Internet-Auftritts der KZ-Gedenkstätte Flossenbürg kann im Rahmen interessengeleiteter Kommunikation "nur" sein Informationsinteresse befriedigen, so er eines in den Kommunikationsvorgang "mitbringt". Für den Anbieter kann der Auftritt in erster Linie dem Interesse dienen, präsent und erreichbar zu sein. In der vorliegenden Konfiguration kann der Auftritt für beide Kommunikationspartner nicht dazu dienen, spezifischen Interessen ausschließlich über das Medium Internet gerecht zu werden. Allenfalls ergibt sich als Nebeneffekt, daß der Anbieter die im Internet-Auftritt konstituierte museale Erzählweise dazu einsetzt, dem User Bücher zu verkaufen. Der Anbieter nutzt hier den allgemeinen Effekt, den der Besuch eines Museums birgt: Hat der Besucher die Ausstellung durchschrittten (zumal eine solche mit einem derart ernsten Thema), so kann er die im Museumsshop angebotenen Materialien besser kontextualisieren, mehr mit ihnen anfangen. Ginge der Besucher nur in den Shop und nicht zuvor in die Ausstellung, so wäre seine Bereitschaft, etwa ein Buch zu erwerben, vermutlich geringer.

Während das Kaufangebot im vorliegenden Internet-Auftritt dem Interesse, Informationen zu distribuieren (Anbieter) bzw. zur Verfügung zu haben (Nutzer) erkennbar untergeordnet ist, nutzt Mercedes-Benz das Internet, um neben allgemeinen Informationen wie Organisation, wirtschaftliche Kennzahlen oder Unternehmensphilosophie gezielt auf seine Produkte aufmerksam zu machen. Das Unternehmen profitiert davon, daß sich das Produkt "PKW" anschaulicher darstellen läßt als beispielsweise das relativ abstrakte Produkt "Mineralöl" von Shell (s.o.), wie im folgenden anhand des "virtuellen Autosalons" gezeigt wird. Vor allem jedoch konstituiert der Anbieter hier eine neue Erzählweise unter Rückgriff auf medium-spezifische und -unspezifische Elemente.

5. Reaktionsfähigkeit des Mediums auf den User: Der "virtuelle Autosalon" von Mercedes-Benz

Der "virtuelle Autosalon" ist Teil des Internet-Auftritts von Mercedes-Benz.[11] Dieser Teil wird hier zu Analysezwecken vom übrigen Angebot des Unternehmens abgegrenzt; das übrige Angebot kann hier vernachlässigt werden, weil es sich prinzipiell nicht signifikant von dem anderen hier betrachteten Internet-Auftritt eines kommerziellen Unternehmens (Shell) unterscheidet. Im "virtuellen Autosalon" kann sich der Nutzer ein sogenanntes "Wunschauto" zusammenstellen, indem er mehrere Variablen definiert, aufgrund derer dann das Fahrzeug auf dem Bildschirm erscheint. Dieser Teil des Internet-Auftritts umfaßt zwölf Seiten, die in einer linearen Folge[12] organisiert sind:

Hierarchie/ lfd. Nr.
001 Der virtuelle Autosalon [Auswahl der Baureihe]
002 Auswahl des Modells
003 [Vorstellung der Modellreihe]
004 Auswahl der Polsterung
005 Auswahl der Lack- und Polsterfarben
006(1) Lackfarbe (1)
(...)
006(x) Lackfarbe (x)
007 Serienausstattung
008 Standards [der jew. Baureihe]
009(1) Serienausstattungselement (1)
(...)
009(x) Serienausstattungselement (x)

(→Fortsetzung nächste Seite)

---

[11] Erreichbar über http://www.mercedes-benz.de und anschließende Navigationsschritte "Deutsch", "Produkte", "PKW", "Virtueller Autosalon". Der Internet-Auftritt von Mercedes-Benz ist Teil des Gesamtauftritts des Daimler Benz-Konzerns. Die Holdinggesellschaft Daimler Benz betreibt darin eigene Seiten, von denen aus auf gesonderte Auftritte der Tochterunternehmen Mercedes-Benz, Daimler Benz Aerospace, Adtranz, Temic und MTU verwiesen wird.

[12] Die Befehle "Suche", "Zurück zur direkt übergeordneten Seite" (hier: "PKW"), "Zurück zur Homepage", "E-Mail" und "Hilfe", die innerhalb des Gesamtauftritts von Mercedes-Benz bestehen und permanent über Symbole im Seitenkopf aktiviert werden können, werden an dieser Stelle vernachlässigt, weil der Internet-Auftritt hier nur in diesem Ausschnitt betrachtet wird. Entsprechend ist auch nicht von Bedeutung, auf welcher Generation sich die hier mit 001 bezeichnete Startseite des "virtuellen Autosalons" befindet. Auf der Startseite 001 steht dem Nutzer außerdem eine Bedienungsanleitung zur Verfügung, die hier nicht als eigenständige Seite in den Ablaufplan aufgenommen wurde.

(Fortsetzung) Hierarchie/ lfd. Nr.
010 Auswahl der Sonderausstattung
011(1) Sonderausstattungselement (1)
(...)
011(x) Sonderausstattungselement (x)
012 Ihr Wunschfahrzeug

Auf jeder Seite wird der User aufgefordert, Alternativen per Mausklick "anzukreuzen" (bei 010 "Sonderausstattungen" sind Mehrfachnennungen möglich) und durch Anklicken einer "Weiter"-Schaltfläche zu bestätigen. Die Organisation der Seiten als lineare Folge wird an einigen Stellen, ohne Konsequenzen für den insgesamt linearen Charakter, durchbrochen, etwa wenn der User "Seitenblicke" auf die Ausstattungselemente werfen kann. Zwar konstituieren diese "Seitenblicke" an den entsprechenden Stellen Baumstrukturen, diese sind jedoch dem linearen Ablauf, in dem sich der User sein "Wunschauto" zusammenstellt, untergeordnet: Der einzige Navigationsbefehl, der dem Nutzer erlaubt, weiter durch den "virtuellen Autosalon" voranzuschreiten, bleibt die "Weiter"-Schaltfläche, denn erst nach ihrer Aktivierung kommt die Auswahl des Nutzers zum Tragen. Entsprechend ist vom Anbieter vorgegeben, in welcher Reihenfolge welche Alternativen bestehen; es ist dem Nutzer beispielsweise nicht möglich, zuerst die Sonderausstattung und dann die Farbe der Sitze festzulegen.

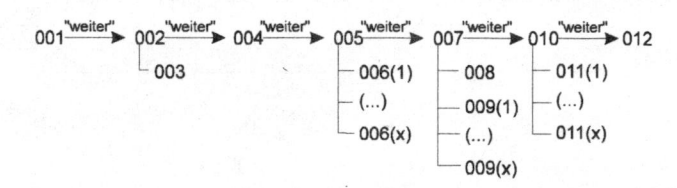

```
001 --"weiter"--> 002 --"weiter"--> 004 --"weiter"--> 005 --"weiter"--> 007 --"weiter"--> 010 --"weiter"--> 012
                  └ 003                               ├ 006(1)          ├ 008             ├ 011(1)
                                                      ├ (...)           ├ 009(1)          ├ (...)
                                                      └ 006(x)          ├ (...)           └ 011(x)
                                                                        └ 009(x)
```

Abbildung 13: Linearer Ablauf mit untergeordneten Baumstrukturen im "virtuellen Autosalon"

Die optisch-räumliche Organisation von Text und Bild folgt dem gleichen Schema wie der gesamte Internet-Auftritt von Mercedes-Benz: Der Hintergrund ist grau marmoriert; die dargestellten Texte und Bilder sind horizontal zentriert; im Seitenkopf befinden sich das Logo des Anbieters sowie permanent vorhandene Symbole als Metaphern für E-Mail- oder Navigationsbefehle. Diese optisch-räumliche Organisation der Elemente fungiert als Maske für Inhalte, die nach einem vorprogrammierten Schema in Erscheinung treten, je nachdem welche Wahl der Nutzer trifft. Insofern ist das Medium in der Lage, auf den Nutzer zu reagieren. Dieses Spezifikum ist jedoch nur schwach ausgeprägt, wie im folgenden anhand eines Beispiels verdeutlicht wird.

Welche Alternativen zur Verfügung stehen, hängt ab von der gewählten Baureihe sowie davon, was der Nutzer im weiteren Verlauf wählt (z.b. determiniert die Entscheidung für Stoff- oder Ledersitze ein bestimmtes zur Verfügung stehendes Farbenrepertoire). Im hier durchgespielten Fall entscheidet sich der Nutzer für die Modellreihe "SLK-Roadster", wählt das Modell "SLK 230-Kompressor", eine Polsterung aus Leder, anthrazit-farbene Sitze und eine Lackierung in "Imperial-Rot". Entsprechend erscheint auf der Seite 007 das bis dato noch farblich unspezifisch abgebildete Modell in rot; daneben eine Abbildung schwarzer Ledersitze in einem ansonsten farblich neutralen Fahrzeug gleichen Typs:

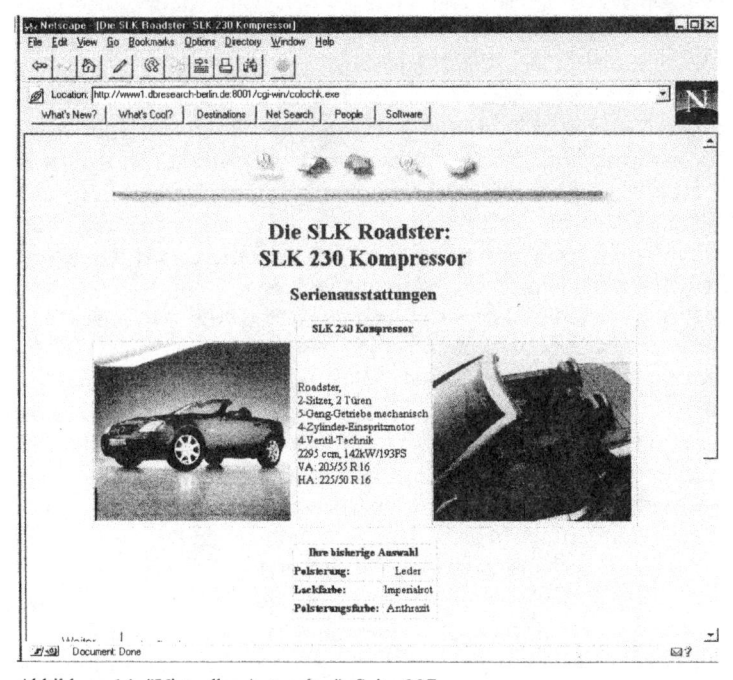

Abbildung 14: "Virtueller Autosalon", Seite 007

Hier werden die beiden jüngsten Entscheidungen des Users (Sitz- und Lackfarbe) in getrennten Einheiten visualisiert: in zwei nebeneinander positionierten Fotografien, die einem elektronischen Archiv entnommen werden - je nachdem, wofür sich der Nutzer entscheidet. Der Nutzer muß die Verbindung zwischen beiden vermittelten Informationen selbst herstellen: "Das ist mein Auto" und "Das ist der Blick in den Innenraum". Hierbei ergibt sich ein Widerspruch des Gezeigten: Die Außenhülle des Cabrios, die auf dem "Innenraum"-Bild am Rande (rechts) zu ist,

ist nicht etwa rot (vgl. links), sondern in einem neutralen Silber-grau gehalten. Die Informationseinheiten "Auto" und "Innenraum" sind für den User nur dann miteinander vereinbar, wenn dieser bei der Betrachtung des "Innenraum"-Bildes vom übrigen Inhalt dieser Darstellung abstrahiert.[13]

Im weiteren Verlauf kann der Nutzer die Serienausstattung des gewählten Modells und der Baureihe betrachten sowie vertiefende Informationen zu den (Sonder-) Ausstattungselementen abrufen und sich durch Markieren von Feldern für eine individuelle Sonderausstattung entscheiden. Schließlich gelangt er auf die Seite 012 "Ihr Wunschauto". Hier wird bildlich das Gleiche gezeigt wie auf den vorhergehenden Seiten 007 und 010: Ein Foto des gewählten Modells und eines der Sitze in der jeweils gewählten Farbe. Zusätzlich erscheint eine Liste mit allen Ausstattungselementen des Fahrzeugs (Serien- und gewählte Sonderausstattung) und entsprechenden Navigationsangeboten zu vertiefender Information. Um den Nutzer anschließend weiter im "virtuellen Autosalon" zu halten, wird ihm angeboten, das PKW-Produktsortiment des Anbieters nach alternativen Fahrzeugen zu durchsuchen. Hierzu muß er sich für eine Baureihe entscheiden. Eine entsprechende Seite (hier nicht in den obigen Ablaufplan integriert) zeigt ihm mögliche Alternativen unter Verweis auf Konflikte (wenn z.B. für das vorgeschlagene Alternativmodell keine rote Lackierung verfügbar ist).

Der vorliegende Ausschnitt aus dem Internet-Auftritt von Mercedes-Benz weist zwei Dimensionen von "Interaktivität" auf. Erstens sind die variablen Inhalte der statischen Elemente "Text" und "Bild/ Grafik" Ausdruck von "Reaktionsfähigkeit des Mediums auf den User". Zweitens besteht eine hohe "Komplexität der Auswahlmöglichkeiten": Der Nutzer kann nicht nur zahlreiche Navigationsbefehle außerhalb der linearen Abfolge erteilen ("Seitenblicke" auf Farben oder Ausstattungselementen), sondern auch dem Medium gegenüber seinen "Willen" anzeigen, indem er per Mausklick Felder markiert und dies in Text und Bild umgesetzt wird. Mögliche Mehrfachnennungen bei der Wahl der Sonderausstattung erhöhen diese Komplexität. Auf der Ebene der Optionen ist folglich "Interaktivität" zentral, unterstützt durch "Medienformenintegration" und "Netz".

"Interaktivität" wird als Option jedoch durch zwei Spezifika des Auftritts sabotiert, die sich auf der Ebene seiner Elemente mit den "Organisations"-Analysekriterien erfassen lassen und bereits dargelegt wurden: die lineare und vom User nicht beeinflußbare Abfolge der Auswahlvorgänge (Organisation der Seiten) und

---

[13] Dieses Problem tritt bei den geschlossenen Limousinen nicht auf, da dort nur das Fahrzeuginnere zu sehen ist. Wird beim vorliegenden Modell "SLK 230-Kompressor" eine Stoffausstattung gewählt, so erscheint ein Foto, bei dem sich die Kamera im Wageninneren befindet und nach draußen blickt; folglich ist die differierende Lackfarbe dann kaum bemerkbar.

die Verteilung der visualisierbaren Ergebnisse auf zwei (statt eine) bildliche Darstellungen (Organisation der Elemente). "Interaktivität" wird hier vom Anbieter dazu eingesetzt, dem Nutzer die Produkte vorzustellen und ihm dabei zu suggerieren, er erschließe sich das Angebot selbständig und individuell. In diesem Zusammenhang kann der Anbieter von einem "Lerneffekt" profitieren, der sich beim Nutzer einstellt, wenn er das Angebot nicht nur passiv rezipiert, sondern (in den dargelegten Grenzen) selbst beeinflußt. Das dritte Spezifikum des vorliegenden Auftritts, das "Interaktivität" einschränkt, ist, daß es nicht möglich ist, einen Transaktionsvorgang abzuwickeln oder zumindest zu initiieren: Man kann das Auto über das Internet nicht kaufen. Am Ende wird der User mit der Aufforderung entlassen, sich für weitere Informationen an einen Mercedes-Händler zu wenden. Nicht einmal ein Preis wird genannt. Der Nutzer kann dem Anbieter seine Auswahl oder auch nur sein allgemeines Interesse an einem Fahrzeug auch nicht per E-Mail zukommen lassen, es sei denn, er verwendet die allgemeine E-Mail-Option des Gesamt-Auftritts, in die er das "Ergebnis" seines Besuchs des "virtuellen Autosalons" dann umständlich überführen müßte.

"Interaktivität" ist im "virtuellen Autosalon" zwar dominant, aber nicht konsequent. Der für den User unter Umständen resultierende Unterhaltungswert wird vom Anbieter lediglich zu Informationszwecken eingesetzt: Der Anbieter präsentiert seine Produkte. Ein womöglich ausgelöster Kaufreiz kann nicht befriedigt werden. Das Medium soll den Nutzer für das Produkt begeistern, es bietet dem Nutzer jedoch nicht an, diese Begeisterung in Handlung (Kauf) umzusetzen - ob aus technischen oder rechtlichen Gründen oder aus Gründen des Anbieter-Interesses, sei hier dahingestellt.

Mit vorwiegend medium-spezifischen Elementen und ihrer medium-spezifischen Anwendung arbeitet der letzte hier betrachtete Internet-Auftritt: der "virtuelle Ortsverein" der SPD. Im Gegensatz zum "Autosalon" fällt auf, daß durch den Einsatz der Elemente Nutzungsoptionen bereitgestellt werden, die im Hinblick auf interessengeleitete Kommunikation konsequent funktionieren.

6. Konsequenter Einsatz der Elemente: Der "virtuelle Ortsverein" der SPD

Die Sozialdemokratische Partei Deutschlands hat einen Arbeitskreis "Sozialdemokratinnen und Sozialdemokraten im Internet" ins Leben gerufen, dessen Internet-Auftritt sie "Virtueller Ortsverein" (VOV) nennt.[14]

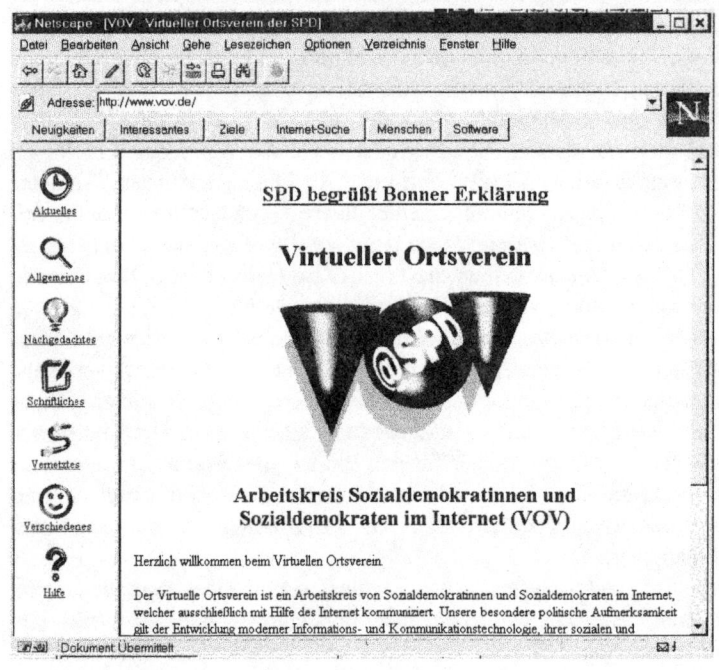

Abbildung 15: Homepage des "Virtuellen Ortsvereins"

---

[14] http://www.vov.de. - In seiner Selbstdarstellung führt der Arbeitskreis seine Gründung auf einen Aufruf des SPD-Bundestagsabgeordneten Jörg Tauss vom 16. Juni 1995 zurück. Der VOV basierte zunächst auf der privaten Initiative der ersten Mitglieder. Sie plazierten entsprechende WWW-Seiten auf Servern oder als Anhang zu Internet-Auftritten von Universitäten oder Arbeitgebern. Eine erste einheitliche WWW-Adresse mit E-Mail-Anschluß fand der VOV im Oktober 1995 bei der Firma XLink. Während des SPD-Bundesparteitages im November 1995 in Mannheim publizierte der VOV über das offizielle Pressezentrum Beschlüsse in einem eigenen Internet-Auftritt. (Vgl. "Geschichte des VOV" unter http://www.vov.de/allgemeines/vov_geschichte.html.)

Die eigentliche Aufgabe dieses Internet-Auftritts ist es, die Kernaktivität des VOV vorzustellen: drei Internet-Newsgroups namens "vov@nord.de", "vov-disput" und "d.o.p.s.". Diese Diskussionsforen[15] selbst sind nicht Gegenstand dieser Analyse. Hier geht es um den Internet-Auftritt, mit dem sich der Arbeitskreis vorstellen will. Der VOV hat als Anbieter einen Status, der sich von den Anbietern der anderen hier untersuchten Internet-Auftritte unterscheidet: Als Institution ist der Arbeitskreis von vornherein im Internet entstanden. Dennoch läßt sich der Anbieter außerhalb des Mediums identifizieren, indem der Arbeitskreis auf die Partei bzw. auf Parteimitglieder zurückgeführt wird.

Auf der Ebene der Analysekriterien fällt auf, daß das statische Element "Text" dominiert. Bild- oder Grafikformen werden nicht eingesetzt; Ausnahmen bilden die Navigationssymbole am linken Bildrand und am Ende einer jeden Seite, das VOV-Logo auf der Startseite, die durchgehende typografische Hinterlegung mit einem schräg verlaufenden grauen Schriftzug "VOV" auf weißem Grund sowie ein Foto des Parteivorsitzenden und der Juso-Vorsitzenden vom Mannheimer Parteitag (an einer entlegenen Stelle). Die dominierenden Darstellungsformen sind längere Texte und ausführliche Listen mit textlich-expliziten Verbindungen und Links. Viele dieser Links befinden sich in Fließtexten. Auffällig ist der hohe Anteil auftritts-externer Links, die entweder, anbieter-intern, auf weitere Angebote der SPD verweisen (z.B. den offiziellen Internet-Auftritt der Parteizentrale oder den der Fraktion in Bonn, einzelne Ortsverbände oder Homepages einzelner Mitglieder) oder, anbieter-extern, auf andere Parteien, Gewerkschaften, Stiftungen, Kammern, Verbände, Abgeordnete etc. Die auftritts-externen Links sind zwar durchgehend textlich-explizit, es ist jedoch häufig nicht zu erkennen, daß sie vom Auftritt weg verweisen. Dies führt dazu, daß der User den Internet-Auftritt unter Umständen ungewollt verläßt, indem der Inhalt, auf den ein Link verweist, vom Anbieter als wichtiger eingestuft wird als das Verweilen des Users beim eigenen Angebot.

Der Internet-Auftritt des VOV ist so in der Lage, den Eindruck zu vermitteln, der Anbieter ordne sein eigenes Mitteilungsbedürfnis dem Interesse des Users unter, im Internet Verknüpfungen von Informationseinheiten innerhalb eines be-

---

[15] "vov@nord.de" ist ein geschlossenes, nur Mitgliedern des VOV zugängliches Forum, in dem es um Themen geht, die "das Internet und die Entwicklung der Informations- und Kommunikationsgesellschaft sowie einer darauf bezogen sozialdemokratischen Politik" betreffen; "vov-disput" ist ebenfalls geschlossen und widmet sich innerparteilichen Fragen sowie der Diskussion von Themen, die VOV-Mitglieder intern diskutieren wollen; "d.o.p.s." ist auch Nicht-Mitgliedern zugänglich, dort sollen nach Anweisung der Arbeitskreisführung "alle Themen, bei denen es sich nicht um VOV- oder SPD-Interna handelt, (...) diskutiert werden". (Vgl. http://www.vov.de/allgemeines/vov_charta.html.)

stimmten Themenfeldes herzustellen, hier (sozialdemokratische) Politik. In dieser Anlage folgt der vorliegende Internet-Auftritt den WWW-Homepages vieler privater User, die bereits vor der Kommerzialisierung des Mediums nichts anderes taten als Listen mit Links zusammenzustellen und dies auch heute noch tun.

Die Seiten im Internet-Auftritt des VOV sind als Baumstruktur organisiert. Diese konstituiert sich durch die Rubriken "Aktuelles", "Allgemeines", "Nachgedachtes", "Schriftliches", "Vernetztes", "Verschiedenes" und "Hilfe". Die Organisation der Seiten wird vielfach von Links durchbrochen. Navigation und Orientierung werden medium-spezifisch auf drei Arten erleichtert. Erstens befindet sich am linken Bildrand ein permanenter Navigationsframe mit Icons und entsprechenden Rubrikenüberschriften. Zweitens wird ein Orientierungsplan mit direkter Link-Möglichkeit angeboten. Drittens - und dies ist einzigartig im Vergleich mit den anderen hier betrachteten Internet-Auftritten - endet jede dargestellte Seite mit fünf Symbolen, die dem Nutzer folgende Navigationsschritte ermöglichen: (1) Rückkehr auf die VOV-Homepage, (2) Navigation auf die übergeordnete Rubrikenstartseite, (3) auf die direkt übergeordnete Seite innerhalb einer Rubrik, (4) auf die vorstehende Seite innerhalb der gleichen Rubrik, die auf einer Generation mit der aktuellen Seite liegt, und (5) in die andere Richtung auf die nachstehende Seite. Die jeweils möglichen Navigationsbefehle werden gekennzeichnet, indem das entsprechende Symbol rot dargestellt wird.

"Interaktiv" ist der vorliegende Internet-Auftritt in zwei Dimensionen: erstens in der hohen Komplexität der Auswahlmöglichkeiten, bedingt durch deren Zahl; zweitens durch die Möglichkeit für den Nutzer, in einem "Gästebuch" textliche Notizen einzuspeisen. Die Äußerungen nehmen allerdings nicht aufeinander Bezug, weshalb es sich hier nicht um "Möglichkeiten interpersonaler Kommunikation" handelt. Interpersonale Kommunikation wird zwar technisch ermöglicht durch E-Mail-Optionen an die Eintragschreiber des "Gästebuchs" und an ausgewählte Autoren von Beiträgen auf den übrigen Seiten - sie vollzieht sich jedoch nicht im Auftritt selbst.

Auf der Ebene der Optionen dominiert deshalb nicht "Interaktivität", sondern "Netz": Zum einen ist der Internet-Auftritt in sich stark hypertextuell angelegt; zum anderen macht er sich mittels der vielen externen Links zu einer Schnittstelle zwischen verschiedenen Informationseinheiten, die an anderer Stelle im Internet abgelegt sind, dehnt die "Netz"-Option also aus auf einen themengebundenen Ausschnitt aus dem Gesamtangebot des Internet, das vom vorliegenden Auftritt aus erreichbar ist. Der Nutzer kann so sein potentielles Interesse befriedigen, sich bestimmte Themen, die im Internet präsentiert werden, durch eigene Verknüpfungen zu erschließen, während der Anbieter dem Nutzer demonstrieren kann, daß er das Medium "begriffen" hat und sich so als kompetent positioniert.

Dieser dominierenden Option ist "Interaktivität" untergeordnet - und zwar in ihrer Dimension "Komplexität der Auswahlmöglichkeiten". Auf der gleichen Stufe ist die Option "Globalität/ Distribution/ Verfügbarkeit" anzusiedeln: Der Anbieter erreicht mit seiner Selbstdarstellung (Gründungsaufruf, Satzung etc.) über das Internet seine genuine Zielgruppe. Unterstützend wirkt hier ein E-Mail-Abo, wie es auch im Internet-Auftritt von Greenpeace angeboten wird, das sich in diesem Fall speziell an Journalisten richtet. Andere Implikationen der "Globalitäts"-Option realisieren sich für Anbieter und Nutzer in medium-spezifischer Form innerhalb der geschlossenen Diskussionsforen, die jedoch außerhalb des hier betrachteten WWW-Auftritts liegen. "Medienformenintegration" spielt als Nutzungsoption im vorliegenden Internet-Auftritt keine Rolle.

7. Fazit

Auf der Ebene der Elemente und ihres Einsatzes lassen sich die sechs hier betrachteten Internet-Auftritte in drei Typen klassifizieren:
- erstens Internet-Auftritte, in denen vorwiegend nicht-mediumspezifische Elemente vorwiegend nicht-mediumspezifisch eingesetzt werden (Bundesregierung),
- zweitens Internet-Auftritte, die sich (auch) mediumspezifischer Elemente bedienen, deren Einsatz sich jedoch der Generierung einer Erzählweise unterordnet, die sich an älteren Präsentationsformen orientiert ("Charlies WWW-Seite", Shell und Flossenbürg),
- drittens Internet-Auftritte, die vorwiegend mediumspezifische Elemente verwenden und diese auch zu einer spezifischen Erzählweise integrieren, die sich von der Erzählweise älterer Medien oder traditioneller Präsentationsformen unterscheidet ("Virtueller Ortsverein").

Der "virtuelle Autosalon" bewegt sich auf der Grenze zwischen dem zweiten und dem dritten Typ.

Im Hinblick auf die "Binnenstruktur", im Sinne von "Anlage" oder "Machart" von Internet-Auftritten, bleibt an dieser Stelle festzuhalten, daß internet-spezifische Optionen dann am intensivsten und pointiertesten realisiert werden können, wenn sich ein Auftritt sowohl "herkömmlicher" als auch "neuer" Elemente bedient und diese zugleich in einer Weise einsetzt, die sich von Erzählweisen älterer Medien unterscheidet. Allerdings sind auch Nutzungsoptionen von solchen Internet-Auftritten, die sich dem Anbieter wie dem Nutzer vergleichbar mit anderen Medien bieten, bedeutsam für interessengeleitete Kommunikation über das Internet. Um die Leistungen aufzuzeigen, die das hier behandelte Medium aufgrund seiner Potentiale in Kommunikationsvorgängen zu erbringen vermag, ist es jedoch notwendig, auf die spezifischen Nutzungsoptionen zu fokussieren. Dies geschieht im folgenden und letzten Kapitel. Des weiteren werden die hier für das Internet benannten Optionen in ein Modell mediumbestimmter interessengeleiteter Kommunikation überführt, von dem ausgehend Überlegungen zu einer Medientheorie möglich sind, welche das Internet als neues Medium zu integrieren vermag.

V. BILANZ UND AUSBLICK

In dieser Arbeit werden Kriterien für eine einzelmedientheoretisch begründete Analyse von Internet-Auftritten entwickelt. Sie basieren auf dem Konzept medium-spezifischer "Optionen": Um herauszufinden, was das Internet als Medium im Rahmen interessengeleiteter Kommunikation zu leisten imstande ist und mittels welcher medium-spezifischer Kriterien sich diese Leistungen erfassen lassen, wurde "Option" als medium-immanente Kategorie auf die Kommunikationspartner in ihrer Rolle als Anbieter und als Nutzer von Internet-Auftritten bezogen (Kapitel II). Hiernach lassen sich dem Internet vier Optionen zusprechen: Medienformenintegration, Netz, Interaktivität und Globalität. Diese internet-spezifischen Optionen können in Internet-Auftritten als Potentiale mit unterschiedlicher Relevanz für Anbieter und Nutzer vorhanden sein; sie konstituieren sich durch Konfigurationen von Elementen, die wiederum mittels der hier eingeführten internet-spezifischen Analysekriterien beschrieben werden können. Aufgrund seiner Optionen kann das Internet potentiell zu einem Medium für interessengeleitete Kommunikation werden.

Die Analyse ausgewählter Internet-Auftritte (Kapitel III und IV) hat gezeigt, daß Internet-Auftritte verschiedene Elemente unterschiedlich organisieren und zueinander in Beziehung setzen und so, zumindest im Ansatz, medium-spezifische Nutzungsoptionen zu offerieren imstande sind. Die Analyse hat jedoch auch gezeigt, daß die Optionen, die das Medium bietet, in der Praxis nicht vollständig realisiert werden; die meisten der hier untersuchten Internet-Auftritte von Anbietern unterschiedlicher Herkunft lösen nicht ein, was das Medium aufgrund seiner spezifischen Potentiale, welche auf der einzelmedientheoretischen Ebene herausgearbeitet wurden, anbietet[1]:

1. "Medienformenintegration", verstanden als Übernahme und internet-spezifische Modifikation "klassischer" Darstellungsformen wie Text, Bild, Grafik, Animation oder Ton zugunsten einer neuen, für das Internet spezifischen Darstellung, tritt häufig gegenüber konventionellen Darstellungen in den Hintergrund: Bilder werden meist im herkömmlichen Sinne als Bilder verwendet und nur selten etwa als anklickbare Elemente, aufgrund derer etwas passiert; Ton- und Bildsequenzen werden, wenn überhaupt vorhanden, meist als geschlossene

---

[1] Es ist zu beachten, daß in dieser Arbeit Internet-Auftritte von Medien(-institutionen) wie z.B. Zeitungsredaktionen, Fernseh- oder Hörfunkanbietern mit Blick auf ihren Status als eigene Medien ausgegrenzt wurden, wie einleitend (Kapitel I) dargelegt wurde.

Einheiten zum Download angeboten usf. Texte werden formal in einem neuen, internet-spezifischen Sinne eingesetzt, indem sie durch Unterstreichen von Worten miteinander vernetzt werden - in bezug auf die Sprache und die Strukturierung von Texten konnte hier jedoch nur in wenigen Fällen ein Einsatz beobachtet werden, der von "klassischen" Konfigurationen abweicht.

2. "Netz", als Option, die es dem Nutzer ermöglicht, verschiedene Stellen im Medienprodukt (in den vom Anbieter konfigurierten Grenzen) selbstbestimmt miteinander zu verbinden, ist in einigen Auftritten konstitutiv (Greenpeace, "Virtueller Ortsverein") und mithin als Option vorhanden; in anderen Auftritten hingegen wird die Option "Netz" zwar suggeriert, faktisch jedoch gezielt verhindert (Shell, Flossenbürg) - oder sie spielt überhaupt keine Rolle ("Charlies WWW-Seite", "Virtueller Autosalon").

3. "Interaktivität", als Möglichkeit für den Nutzer, Einfluß auf das Medienprodukt zu nehmen oder dem Anbieter bzw. anderen Nutzern über das Medium Informationen zukommen zu lassen, ist in den meisten der hier betrachteten Internet-Auftritte unterentwickelt. Ist "Interaktivität" als Option im Medienprodukt angelegt, so realisiert sie sich meist nur in einer von vier möglichen Dimensionen: "Komplexität der Auswahlmöglichkeiten", "Reaktionsfähigkeit des Mediums auf den User", "Möglichkeiten, Informationen einzuspeisen" oder "Möglichkeiten interpersonaler Kommunikation". Die untersuchten Internet-Auftritte sind, wenn überhaupt, am ehesten "interaktiv" aufgrund der Komplexität ihrer Auswahlmöglichkeiten; dies jedoch meist nur in bezug auf deren Zahl, nicht auf deren Art. Der einzige Internet-Auftritt, in dem alle vier Dimensionen von "Interaktivität" zum Tragen kommen, ist der Auftritt von Greenpeace (wenn auch, wie im entsprechenden Kapitel III gezeigt, in unterschiedlicher Intensität). "Reaktionsfähigkeit des Mediums auf den User" ist insbesondere gegeben beim "Virtuellen Autosalon" von Mercedes-Benz.

4. Die Option "Globalität/ Distribution/ Verfügbarkeit", die sich realisiert, indem der Anbieter über den Internet-Auftritt Inhalte distribuiert, die mit seinen Interessen korrespondieren und die für den Nutzer über andere Medien nicht verfügbar wären, ist am deutlichsten im Internet-Auftritt von Greenpeace zu beobachten, wo sie auch, neben "Netz", als dominierende Option angelegt ist. Zudem ist "Globalität/ Distribution/ Verfügbarkeit" in zwei weiteren der hier betrachteten Internet-Auftritte die dominierende Option, jedoch realisiert sie sich dort jeweils nur eingeschränkt: Im Internet-Auftritt von Shell werden mit Pressemeldungen und Bilanzdaten Inhalte verfügbar gemacht, die zwar auch

auf anderen Wegen distribuiert, jedoch über das Internet an eine (potentiell) breitere Nutzergruppe abgegeben werden; der Auftritt der Bundesregierung dient noch deutlicher als alternativer sekundärer, nicht als primärer Distributionskanal für Inhalte.

Um Grundzüge einer Theorie des Mediums Internet zu skizzieren, ist an dieser Stelle zweierlei erforderlich. Erstens gilt es - optionen-bezogen - basierend auf den Ergebnissen der vorliegenden Studie herauszuarbeiten, wie die internet-spezifischen Nutzungsoptionen in Internet-Auftritten überhaupt "entstehen" können: welche Elemente wie konfiguriert werden können und mit welchen Effekten; mittels welcher Kriterien sich diese Elemente beschreiben lassen, usf. (Wie funktioniert die jeweilige Option?). Zusätzlich ist auf dieser Ebene zusammenfassend und auftritts-übergreifend zu klären, was die jeweilige Option für Anbieter und Nutzer jeweils ermöglicht. An diese Nutzungsmöglichkeiten anknüpfend ist (zweitens) - medium-bezogen - auf der Ebene von Kommunikation und Interesse danach zu fragen, was die Optionen des Mediums Internet für Kommunikationsvorgänge leisten, inwiefern sie also Kommunikation zwischen Anbieter und Nutzer eines Internet-Auftritts ermöglichen und strukturieren (Wie funktioniert das Internet als Medium?).

Damit das Internet als Medium für interessengeleitete Kommunikation tatsächlich an Bedeutung gewinnt, müssen die spezifischen Nutzungsoptionen, die das Internet potentiell für Anbieter und Nutzer bieten kann, besser realisiert werden. Dies kann geschehen, indem Elemente in Internet-Auftritten medium-spezifisch konfiguriert werden. Im Unterschied zu pragmatischen Empfehlungen aus der Perspektive der "Macher" geschieht dies hier konsequenterweise orientiert am Medium selbst und nicht am Kommunikationsziel des Anbieters. Denn erst wenn dasjenige eingelöst wird, was die Optionen des Mediums für beide Kommunikationspartner versprechen, können Interessen von Anbieter und Nutzer über das neue Medium auf eine neue Art realisiert werden. Anders ausgedrückt: Aus der medientheoretischen Perspektive betrachtet muß es dem Anbieter eines Internet-Auftritts darum gehen, unter Ausnutzung der medium-spezifischen Optionen einen Kommunikationsvorgang über das Medium zu initiieren, auf den sich der Nutzer einläßt und in dessen Rahmen der Anbieter dann seine wie auch immer gearteten Interessen realisieren kann - anstatt, wie es viele kommerzielle Beispiele vorführen, das Medienprodukt bloß mit Blick auf die Kommunikationsziele des Anbieters hin zu "optimieren". Das Wissen um die Mechanismen, die im Medium zur Bildung von Optionen führen, ist dann freilich seitens des Anbieters im Rahmen interessengeleiteter Kommunikation sehr wohl instrumentalisierbar.

Die internet-spezifische Nutzungsoption "Netz" läßt dem Nutzer die Freiheit, sich das Medienprodukt selbst "zusammenzubauen", während sie den Anbieter befähigt, den Nutzer durch den Aufbau einer Primärhierarchie der Informationseinheiten und das gezielte Setzen von Links durch den Auftritt zu führen. Entscheidend sind hier die statischen Elemente in ihren inhaltlichen Dimensionen (vor allem das Element "Text") sowie die Elemente, mittels derer die Option generiert wird und die entsprechend als Leitkriterien für "Netz" eingeführt wurden: "Organisation der Seiten", "Links" und "Navigation". Diese Elemente müssen vom Anbieter eines Internet-Auftritts aufeinander abgestimmt werden, um ein "Netz" zu generieren.

"Interaktivität" ermöglicht dem Nutzer (ja: zwingt ihn), aktiv zu werden und - in welcher der hier unterschiedenen Dimensionen auch immer - auf das Medienprodukt einzuwirken bzw. es erst zu konstituieren. Der Anbieter hingegen wird in die Lage versetzt, den Nutzer zu aktivieren und von dessen erhöhter Eingebundenheit in den Kommunikationsvorgang zu profitieren. "Interaktivität" ist, das hat die Analyse gezeigt, in den meisten der hier betrachteten Internet-Auftritte unterentwickelt bzw. nur eindimensional vorhanden. Erste Ansätze, wie die verschiedenen Dimensionen von "Interaktivität" in Internet-Auftritten "funktionieren", zeigen die untersuchten Beispiele:

- "Komplexität der Auswahlmöglichkeiten" entsteht in umfangreichen Internet-Auftritten unbestreitbar von allein in Form der Auswahlmöglichkeit "Navigieren" - zumal wenn es sich um eine aus vielen Seiten bestehende Plenarstruktur handelt oder innerhalb einer Baumstruktur eine hohe Link-Quote etabliert wird. Die beiden anderen hier unterschiedenen Arten von Auswahlmöglichkeiten ("Feedback geben" und "Sonderoptionen") sind in vielen Internet-Auftritten nur an wenigen Stellen installiert und deshalb nicht jederzeit präsent. Die Komplexität der Auswahlmöglichkeiten könnte in quantitativer und qualitativer Hinsicht gesteigert werden (und mithin die "Interaktivität" von Internet-Auftritten); allerdings kann eine zu große Simultaneität der Möglichkeiten dazu führen, daß der Nutzer die Orientierung verliert.

- Um "Reaktionsfähigkeit des Mediums auf den User" zu erzeugen, werden in Internet-Auftritten vor allem die statischen Elemente eingesetzt: Im "virtuellen Autosalon" erscheinen Sitze und Karosserie in den Farben und Formen, die der Nutzer auswählt (Element "Bild/ Grafik"), bei Greenpeace kann der Nutzer Informationsmaterial im Rahmen vorgegebener Schwerpunkte an seine E-Mail-Adresse "abonnieren" ("Text"), ein Hubschrauber reagiert auf Befehle, die der Nutzer mittels der Tatstatur übermittelt ("Animation"), der Nutzer hört Applaus oder Buh-Rufe, je nachdem, ob er das "Hütchenspiel" mit der Sojabohne besteht ("Ton") usf. Auf dynamische Elemente wird die erst am Anfang ihrer Erforschung stehende Interaktivitäts-Dimension "Reaktionsfähigkeit auf den User" bislang kaum angewendet. Dabei wäre es durchaus denkbar, daß in einem Internet-Auftritt Verbindungen und Links z.B. in Abhängigkeit vom Alter des Nutzers textlich-explizit oder nicht-textlich-implizit dargeboten werden bzw. daß nur diejenigen Verbindungen und Links angeboten werden, die der Nutzer während seines "Besuches" noch nicht aktiviert hat ("Navigation"); ferner daß sich die optisch-räumliche "Organisation der Elemente" an den inhaltlichen Präferenzen orientiert, die ein Nutzer während seines Besuches zeigt; oder daß gar die Seiten eines Internet-Auftritts je nach Aktion, deklarierter Herkunft oder abgefragter Präferenz des Nutzers als lineare Folge, als Baum oder als Plenar organisiert werden ("Organisation der Seiten").

- Bei den "Möglichkeiten, Informationen einzuspeisen" handelt es sich, wenn überhaupt, zumeist um textliche Notizen, die ein Nutzer im Internet-Auftritt hinterlassen kann. Denkbar wäre es, hier auch Grafiken, Ton- oder Videosequenzen zuzulassen.

- Gleiches gilt für die "Möglichkeiten interpersonaler Kommunikation": Effizientere Übertragungsstandards und schnellere Rechenoperationen werden es ermöglichen, Internet-Auftritte als Foren simultaner interpersonaler Kommunikation über Bewegtbild zu nutzen, in deren Verlauf die beteiligten Kommunikationspartner ebenfalls Dateien unterschiedlicher Formate (Text, Bild, Ton, Bewegtbild) versenden und gleichzeitig rezipieren und kommentieren können.

"Medienformenintegration" ermöglicht dem Anbieter, auf der erzählerisch-integrativen Ebene eine "Inszenierung" (i.S. einer gesamthaft "anderen" Darstellung) zu schaffen, die Inhalte medium-gerecht vermittelt. Der Nutzer kann diese Inszenierung erleben; sie ist allerdings nur dann ein "Erlebnis", wenn der Nutzer eine solche Inszenierung in anderen Medien nicht findet. Mit "Image Maps" ist bereits ein erstes internet-spezifisches Format etabliert, das es erlaubt, "Text"- und "Bild/ Grafik"-Formen anders zu verwenden als in älteren Medien. Dennoch gilt, zumindest für die hier untersuchten Auftritte, daß sich die optisch-räumliche "Organisation von Elementen" weniger stark an Traditionen der Printmedien orientieren und statt dessen medium-spezifische Inszenierungen schaffen sollte, um "Medienformenintegration" in Internet-Auftritten zu generieren.

Die Option "Globalität" schließlich ermöglicht es dem Anbieter, Inhalte zu distribuieren, und dem Nutzer, diese zur Verfügung zu haben. Als internet-spezifische Option steht und fällt "Globalität", wie in den Einzelanalysen gezeigt wurde, mit den verfügbar gemachten Inhalten (statische Elemente) und der Frage, wie diese verfügbar gemacht werden ("Service"): Bekommt der Nutzer die Inhalte ohnehin ohne eigenes Zutun oder unkomplizierter auf alternativen Wegen, so hat weder er noch der Anbieter durch den Internet-Auftritt einen Nutzen in dieser Hinsicht. Deshalb wird es zum einen erforderlich sein, mehr Inhalte originär (d.h. ausschließlich) via Internet zu distribuieren; zum anderen ist zu überlegen, welche Inhalte sich im Rahmen interessengeleiteter Kommunikation aus der Sicht beider Kommunikationspartner besonders für eine Verbreitung über das Internet anbieten. Daten zur Vorhersage der Sonneneinstrahlungen beispielsweise, wie Greenpeace sie, eingebunden in eine bestimmte Argumentation, im Internet publiziert, sind in diesem Sinne geeignet, um "Globalität/ Distribution/ Verfügbarkeit" zu generieren - während beispielsweise allgemeine Beschreibungen der Aufgaben und des verfassungsrechtlichen Status von Bundeskanzler oder Bundespräsident schon von ihrem "zeitlosen" Inhalt her weniger interessant für das Medium sind und allenfalls als (notwendige) Hintergrundinformation zur Komplettierung eines Internet-Auftritts fungieren können (wie auch Bilanzdaten von Shell oder Argumentationspapiere von Greenpeace).

Ausgehend von einer solchen optionen-bezogenen Betrachtung läßt sich an dieser Stelle der Versuch unternehmen, zu erklären, wie das Internet als Medium im Rahmen interessengeleiteter Kommunikation "funktioniert". Über seine Optionen bietet das Medium einen Hebel, an dem "Interesse" der Kommunikationspartner ansetzen muß, welches in den genannten Tätigkeiten oder Zuständen von Anbieter und Nutzer Ausdruck finden kann: führen oder geführt werden, "aktiv" und "frei" gegenüber dem Medienprodukt zu sein - oder dies zumindest zu glauben ("Netz"); Einfluß auf das Medienprodukt zu nehmen ("Interaktivität"); Inhalte bereitzustellen oder abzurufen ("Globalität"); Inszenierungen zu schaffen oder zu erleben ("Medienformenintegration").

Auf der Ebene der sieben hier untersuchten Internet-Auftritte wurden jeweils auftritts-spezifische Bündelungen von Optionen in unterschiedlicher Intensität festgestellt. Solche "Bündel" von Optionen sollen hier als "Formen" verstanden werden. "Form" wird also abstrakt in einer allgemeinen Bedeutung verwendet: "Form" bezeichnet das, wodurch sich etwas von seiner Umgebung abhebt, sich in einer charakteristischen "Gestalt" oder Ausprägung zeigt.[2] Demnach kann auf der Grundlage des in dieser Arbeit verwendeten Kriterienkatalogs für einen jeden Internet-Auftritt eine jeweils spezifische "Form", ein jeweils angelegtes Bündel von

---

[2] Vgl. exemplarisch Wiehl 1973, S. 445.

Optionen eruiert werden.[3] In dieser spezifischen "Form" des Medienprodukts Internet-Auftritt begegnen sich die (unterschiedlichen) Interessen der Kommunikationspartner in ihrem Status als Anbieter bzw. als Nutzer des betreffenden Auftritts. Weil die Optionen dem Medium immanent sind, d.h. beim Medium selbst verortet werden, besitzt zwar jeder Internet-Auftritt eine mittels der Kriterien exakt qualifizierbare "Form" - jedoch ist damit nicht gesagt, welche Optionen bzw. welche Kombinationen von Optionen für Anbieter und Nutzer vor dem Hintergrund der Interessen, die sie in den Kommunikationsvorgang "mitbringen", wichtig sind. "Formen interessengeleiteter Kommunikation" bezeichnen dann die jeweilige Auswahl von Optionen, die Anbieter bzw. Nutzer treffen.[4] Die vorhandene "Form" des Internet-Auftritts als Potential bleibt davon unberührt.

Die folgende Darstellung faßt diese Überlegungen zusammen: Ein fiktiver Internet-Auftritt (Mitte) offeriert die vier Optionen Medienformenintegration, Netz, Interaktivität und Globalität in unterschiedlicher Intensität, was durch die Größe der Ovale impliziert wird (Form des Internet-Auftritts). Der Anbieter (links) läßt sich, geleitet von bestimmten Interessen, auf einen Kommunikationsvorgang über das Medium ein, weil es ihm, in diesem Beispiel, ermöglicht, bestimmte Inhalte zugänglich zu machen (Globalität), diese Inhalte durch Integration verschiedener Medienformen in einer bestimmten Weise zu inszenieren (Medienformenintegration) und auftritts-intern miteinander zu verknüpfen (Netz). Der Nutzer (rechts), der ebenfalls von bestimmten Interessen geleitet wird, läßt sich in diesem Beispiel auf die medienformen-integrierende Inszenierung ein, erblickt jedoch nicht Netz und Globalität als Optionen, sondern nutzt den Auftritt, weil dieser in bestimmten Dimensionen "interaktiv" ist.

---

[3] Gegen eine Typisierung von Internet-Auftritten anhand solcher Formen an dieser Stelle spricht die empirische Basis dieser Arbeit, die es nicht erlaubt, repräsentative Formen zu klassifizieren; vielmehr ist das Angebot im Medium Internet so groß, daß dies Gegenstand weiterer Forschungsbemühungen sein müßte.

[4] Diese Aussage wurde bislang im Hinblick auf Internet-Auftritte auf Inhalte oder Rezeptionsreihenfolge bezogen (vgl. exemplarisch Heeter 1989, S. 228; Huly/ Raake 1995, S. 21 u. 227; Oenicke 1996, S. 12); sie findet auf dieser Ebene in den Optionen "Netz" und "Interaktivität" ihren Niederschlag. Hier wird diese Aussage auf die Optionen an sich ausgeweitet und auch auf den Anbieter bezogen - und zwar mit Blick auf die Kategorie "Interesse".

```
                    Internet
            ┌─────────────────────────┐
            │  Form d. Auftritts      │
            │         ┌──► Medien-    │
            │      ┌─────┐  formen-   │
       ────►│  ───►│ Netz│  integration│◄────
Anbieter    │      └─────┘            │      Nutzer
    Interessen                         Interessen
            │      ┌─────┐            │
            │      │Inter│◄──         │
            │      │aktiv│ ┌──────┐   │
            │      │ität │ │Globa-│   │
            │      └─────┘►│ lität│   │
            │              └──────┘   │
            └─────────────────────────┘
```

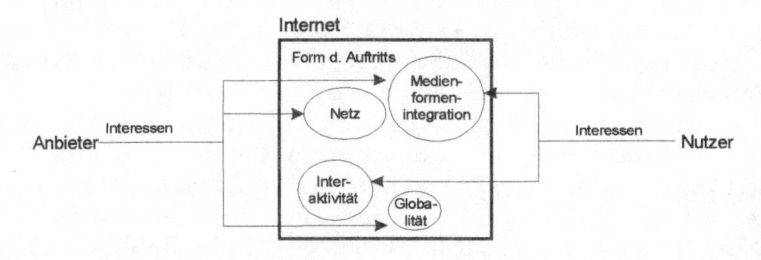

Abbildung 16: Interessengeleitete Kommunikation über das Internet (fiktives Beispiel für einen Internet-Auftritt in einer bestimmten "Form")

Ausgehend von diesen Überlegungen ist es möglich, Grundzüge einer Medientheorie zu skizzieren, die das Medium Internet mit seinen kommunikationsstrukturierenden Eigenschaften integriert. Schlüsselkategorie dieser Skizze sind die Nutzungsoptionen, die der hier getroffenen Annahme zufolge dem Medium immanent sind. Voraussetzung dafür, daß Optionen entstehen, ist, daß ein "Anbieter" eines Medienprodukts Elemente, die das Medium bereitstellt bzw. zu integrieren fähig ist, konfiguriert. Im Medium selbst bilden sich dann "Optionen", die für das jeweilige Medium spezifisch sind. Welche Optionen durch die vom Anbieter vorgenommene Konfiguration von Elementen generiert werden, kann der Anbieter unter Umständen nur zum Teil beeinflussen: Wenn in einem Internet-Auftritt Elemente, die eine Option konstituieren, mit anderen Elementen, die eine weitere Option konstituieren, zusammenwirken, kann eine dritte, vom Anbieter nicht bewußt intendierte medium-spezifische Nutzungsoption entstehen, die möglicherweise für den Nutzer durchaus relevant ist. Indem der Anbieter Elemente zu einem Medienprodukt konfiguriert, schafft er also (wenn er es, ausgehend von den "Regeln" des Mediums, "richtig" macht) Optionen, mittels derer er dem Nutzer bestimmte Inhalte übermitteln, ihn überreden oder ihm etwas verkaufen will etc. - der Anbieter hat jedoch keine letzte Sicherheit darüber, (a) ob der Nutzer auch alle diese Optionen im Rahmen interessengeleiteter Kommunikation in Anspruch nimmt, und (b) ob nicht im Medium weitere Optionen als zusätzliche Potentiale entstehen. Daher ist es hilfreich, auf Seiten des Anbieters zwischen einem (wiederholbaren und ggf. permanenten) Konfigurationsvorgang und einem "Nutzungsvorgang" zu unterscheiden. Das folgende Modell integriert den Konfigurationsvorgang und das Zusammenwirken von Elementen im Medium, das sich dem direkten Einfluß des Anbieters entzieht.

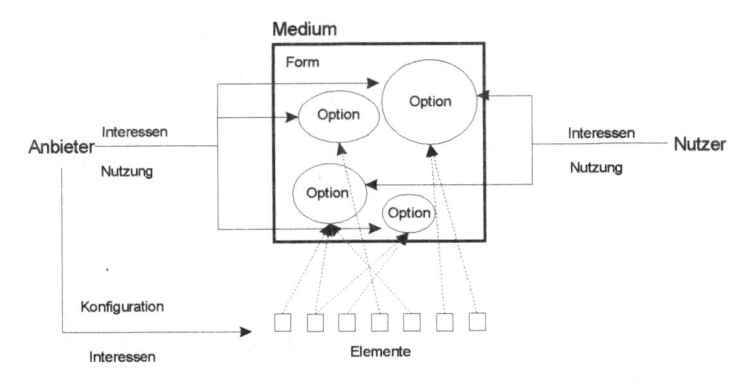

Abbildung 17: Mediumbestimmte interessengeleitete Kommunikation

Angesichts der Entwicklung der "Neuen Medien" ist vielfach versucht worden, vorhandene Kommunikations- und Medientheorien zu reformulieren. Die in dieser Arbeit angestellten medientheoretischen Überlegungen lassen einen entsprechenden Ausblick in mehrere Richtungen zu.

Wenn sich Anbieter und Nutzer eines Medienprodukts, geleitet von den Interessen, die sie in einen Kommunikationsvorgang mitbringen, gewissermaßen "aussuchen", welche Option(en) des Mediums sie nutzen, erscheinen auch Modelle von "Kommunikation" in einem neuen Licht. Das Medium gewinnt im Kommunikationsvorgang einen Stellenwert, der nicht länger mit der Metapher vom "Kanal" beschrieben werden kann: Das Medium transportiert nicht nur im Rahmen von Kommunikation Botschaften von einem Ort an einen anderen[5], sondern das Medium beeinflußt und steuert die Kommunikation, die sich über das Medium vollzieht. Diese keineswegs neue These wird hier dahingehend erweitert, daß auf beiden Seiten des Mediums, bei den hier als "Anbieter" und "Nutzer" identifizierten Kommunikationspartnern, konkrete Interessen vorhanden sind, welche die Kommunikation entscheidend "leiten". Deshalb wird in dieser Arbeit von "interessengeleiteter" und nicht von "medium-geleiteter" Kommunikation gesprochen.

Ungeachtet dessen ist das zentrale Element im Kommunikationsvorgang das Medium, das aufgrund seiner Optionen die Kommunikation motiviert, ermöglicht und steuert. Die kommunikationstheoretische Vorstellung, es gebe einen Sender, einen Kanal und einen Empfänger, ist zwar, wenn sie bis aufs Äußerste abstra-

---

[5] Zur Kritik verschiedener Metaphern für "Kommunikation" siehe Krippendorff 1994.

hiert wird (z.B. indem gesagt wird, Sender und Empfänger könnten praktisch simultan die Rollen tauschen), nicht falsch - sie hilft jedoch an dieser Stelle nicht weiter, weil sie nicht erklären kann, was das Medium mit den in ihm enthaltenen Elementen tut und was die Kommunikationspartner mit den Optionen des Mediums tun. Auch die klassische Unterscheidung zwischen den Handlungsrollen Produktion, Distribution, Rezeption und Verarbeitung[6] greift nicht: Bezogen auf das Internet beispielsweise geschieht "Produktion" erst, wenn der Nutzer einen Internet-Auftritt in der von ihm gewählten Reihenfolge "beschreibet", sich bestimmte Inhalte ansieht, andere übergeht etc. "Produktion" und "Rezeption" sind nicht voneinander zu trennen, denn erst im Rezeptionsvorgang entsteht das Produkt, das für Kommunikation relevant ist. Freilich ist ein Internet-Auftritt in seiner Gesamtheit auch vorhanden i.S. von "hergestellt" oder "produziert", ohne daß ein Nutzer darauf zugreift - für Kommunikation bleibt er jedoch belanglos, solange er nicht aufgerufen wird. Ein medientheoretischer Zugriff hat sich also an anderen Instanzen als an Produktion, Distribution, Rezeption und Verarbeitung zu orientieren - das gilt zumindest für eine einzelmedientheoretische Betrachtung des Internet und, meta-theoretisch, für Versuche, vorhandene Ansätze zu diesem Medium zu systematisieren; es gilt aber auch für die Betrachtung anderer Medien, wenn das Internet und zukünftige Medien in einer Medientheorie integrierbar sein sollen.

Indem an die Stelle von Kommunikationsmodellen, die, in welcher Form auch immer, von Sender, Kanal und Empfänger ausgehen, ein Modell mediumbestimmter interessengeleiteter Kommunikation gesetzt wird, gelingt es, den Kommunikationsbegriff mit seinem unscharfen Bedeutungsspektrum zu überwinden. Wer in diesem Modell "Sender" und wer "Empfänger" ist, ist nicht länger die zentrale Frage; entscheidend ist, daß sich beide Kommunikationspartner des Mediums bedienen, um ihren jeweiligen Interessen gerecht zu werden - auch wenn diese Interessen unter Umständen einander widersprechen. "Anbieter" und "Nutzer" eines Medienprodukts hingegen sind, wie oben gezeigt, klar voneinander zu trennen.

Ebenso gelingt es mit Hilfe dieses Modells, den "blinden Fleck" zu überwinden: die konkreten Interessen, welche Anbieter und Nutzer in den Kommunikationsvorgang mitbringen und die von individuellen, psychischen, sozialen, ökonomischen, sozialstrukturellen, kulturellen, situativen oder auch politischen Voraussetzungen abhängen. "Interesse" kann nunmehr aus der Perspektive des Mediums bzw. der konkreten Verfaßtheit des Medienprodukts (z.B. eines Internet-Auftritts) rekonstruiert werden, indem mittels medium-spezifischer Kriterien nach den

---

[6] Vgl. Schmidt 1994.

Optionen gefragt wird, die bereitgestellt werden. Freilich unterscheiden sich die Optionen, die Medien potentiell bieten können, je nach betrachtetem Medium: Das Medium Internet bietet andere Optionen als das Medium Fernsehen, dessen Optionen unterscheiden sich wiederum von denen der Medien Buch oder Film usf. Zur Bestimmung von Optionen anderer Medien wären freilich entsprechende medium-spezifische Kriterien erforderlich, deren Explikation bei den Medien, die älter als das Internet sind, sich als unproblematisch erweisen dürfte, da es für diese Medien bereits eingeführte Methoden und Kriterien gibt (z.b. qualitative oder quantitative Analyse als Methoden beim Medium Zeitschrift, Schnittfrequenz oder Bildausschnitt als Kriterien beim Film usf.). Für das Medium Internet selbst wäre zu prüfen, ob und wie Anwendungen und Erscheinungsformen, die nicht in die hier behandelte Kategorie des WWW-Auftritts fallen, weitere Optionen bereitstellen können.

Gelänge es, für jedes Einzelmedium spezifische Optionen im hier verstandenen Sinne zu entwickeln, so wäre, in einem weiteren Schritt, nach den Leistungen zu fragen, welche die Optionen der Medien in Gesellschaft (und zu ihrer Zeit) erbringen. Allerdings müßte zuvor meta-theoretisch geklärt werden, ob sich das Optionen-Konzept ohne weiteres auf alle Medien übertragen läßt: Problematisch wird dieser Ansatz vor allem bei den Medien, bei denen sich keine "Elemente", die diese konstituieren (wie z.B. Kapitel, Rubrik, Protagonist, Typographie etc.), benennen lassen. Mit "Leistungen" ist hier gemeint, daß der gesamte, vom Medium bestimmte Kommunikationsvorgang zwischen verschiedenen Elementen eines Systems "Gesellschaft" (bzw. eines Teilsystems davon) für dieses System etwas "leistet" und damit eine Funktion für das System erfüllt.[7] "Funktion" bezieht sich dann, im Gegensatz zu "Option", nicht auf die Anbieter und Nutzer von Medienangeboten im Kommunikationsvorgang, sondern auf das, was aus dem über das Medium zustandekommenden Kommunikationsvorgang und aus dessen Ergebnis für das gesamtgesellschaftliche System resultiert.

Unabhängig davon, ob "Funktion" als übergeordnete Kategorie zum Schlüsselbegriff einer neu zu entwerfenden Medientheorie wird, bietet das Optionen-Konzept einen Hebel zur Entwicklung von (einzel-) medien-spezifischen Kriterienkatalogen, deren Ergebnisse unter Rückgriff auf andere Ansätze, Modelle oder Theorien diskutiert werden können: sei es ein systemtheoretischer Zugriff auf Medien, eine konstruktivistische Perspektive, Ansätze der Massenkommunikationsforschung, das Gatekeeper-Modell oder auch rezipienten-bezogene Zugriffe

---

[7] Saxer (1997) spricht in diesem Zusammenhang von einem "Problemlösungs- und Schaffungspotential von Medienkommunikation" und weist Medienkommunikation "latente Funktionen" zu, die vermutlich noch nicht erkannt wurden (a.a.O., S. 77).

wie Konzepte der Aneignung. So könnte überprüft werden, für welche gesellschaftlichen Instanzen oder Gruppen das Internet aufgrund seiner Optionen in Zukunft und im Verhältnis zu anderen Medien an Bedeutung mutmaßlich gewinnen wird: Wird das Internet ein Medium der kommerziellen Unternehmen, der politischen Institutionen, der PR-Strategen, der Werbung oder des Marketings, der Non-Profit-Organisationen oder der privaten Individualkommunikation?

Gelingt es, das Optionen-Konzept in eine oder mehrere der hier skizzierten Richtungen weiterzuentwickeln, so bliebe der hier geleistete einzelmedientheoretische Zugriff nicht nur ein "Reflex der Entwicklung des Mediums selbst"[8], sondern könnte als Grundlage dienen für eine zu reformulierende Medientheorie, die Gegenstand weiterer Forschungsarbeiten sein müßte.

---

[8] Faulstich 1994b, S. 21.

Literatur

Bachem, Christian: Online Werbung. In: Glowalla, Ulrich/ Schoop, Eric (Hg.): Deutscher Multimedia Kongreß '96. Perspektiven multimedialer Kommunikation. Berlin/ Heidelberg 1996. S. 275 - 282.
Baumgärtel, Frank: Kommunikation. In: Tewes, Uwe/ Wildgrube, Klaus (Hg.): Psychologie-Lexikon. München/ Wien 1992. S. 184 - 186.
Benkwitz, Gaby K.: Multimedia goes on-line. Meilensteine auf dem Weg ins Netz. In: Lippert, Werner (Hg.): Annual Multimedia. Düsseldorf/ München 1996. S. 23 - 27.
BMWi Bundesministerium für Wirtschaft: Info 2000. Deutschlands Weg in die Informationsgesellschaft. Bericht der Bundesregierung. Bonn 1996.
Bolz, Norbert: Die Wirklichkeit des Scheins. In: Rötzer, Florian/ Weibel, Peter (Hg.): Strategien des Scheins. Kunst, Computer, Medien. München 1991. S. 110 - 121.
Bolz, Norbert: Am Ende der Gutenberg-Galaxis. Die neuen Kommunikationsverhältnisse. München 1993.
Bolz, Norbert: Computer als Medium - Einleitung. In: Bolz, Norbert/ Kittler, Friedrich/ Tholen, Christoph (Hg.): Computer als Medium. München 1994a. S. 9 - 16.
Bolz, Norbert: Das kontrollierte Chaos. Vom Humanismus zur Medienwirklichkeit. Düsseldorf/ Wien/ New York/ Moskau 1994b.
Booms, Ulrich: Ausbildung zum Online-Redakteur. In: Glowalla, Ulrich/ Schoop, Eric (Hg.): Deutscher Multimedia Kongreß '96. Perspektiven multimedialer Kommunikation. Berlin/ Heidelberg 1996. S. 131 - 133.
Brückmann, Jürgen W.: Datennetze. In: Bollmann, Stefan (Hg.): Kursbuch Neue Medien. Trends in Wirtschaft und Politik, Wissenschaft und Kultur. Mannheim 1995. S. 166 - 188.
Burkart, Roland/ Hömberg, Walter: Einleitung. In: Burkart, Roland/ Hömberg, Walter (Hg.): Kommunikationstheorien. Ein Textbuch zur Einführung. Wien 1992. S. 1 - 6.
Busch, Hans-Joachim: Interaktion. In: Kerber, Harald/ Schmieder, Arnold (Hg.): Handbuch Soziologie. Reinbeck 1984. S. 267 - 270.

Coy, Wolfgang: Aus der Vorgeschichte des Mediums Computer. In: Bolz, Norbert/ Kittler, Friedrich/ Tholen, Christoph (Hg.): Computer als Medium. München 1994. S. 19 - 37.

Dreyer, Wolfgang: Die Gestaltung von Online-Angeboten: Die Sicht einer Online-Agentur. In: Hünerberg, Reinhard/ Heise, Gilbert/ Mann, Andreas

(Hg.): Handbuch Online-Marketing. Wettbewerbsvorteile durch weltweite Datennetze. Landsberg/ Lech 1996. S. 183 - 196.

Emery, Vince: Internet in Unternehmen. Praxis und Strategien. Heidelberg 1996.

Eßer, Albert: Interesse. In: Krings, Hermann/ Baumgartner, Michael/ Wild, Christoph (Hg.): Handbuch philosophischer Grundbegriffe. München 1973. S. 738 - 747.

Faßler, Manfred: Öffentlichkeiten im Interface. In: Maresch, Rudolf (Hg.): Medien und Öffentlichkeit. Positionierungen - Symptome - Simulationsbrüche. München 1996. S. 309 - 323.

Faulstich, Werner: Computer. In: Ders. (Hg.): Grundwissen Medien. München 1994a. S. 146 - 155.

Faulstich, Werner: Medientheorie. In: Ders. (Hg.): Grundwissen Medien. München 1994b. S. 19 - 25.

Felsenberg, Alexander: Abschied vom Chaos oder Die Qualität in Multimedia. In: Lippert, Werner (Hg.): Annual Multimedia. Düsseldorf/ München 1996. S. 56 - 57

Fuzinski, Alexandra D.U./ Meyer, Christian: Der Internet-Ratgeber für erfolgreiches Marketing. Düsseldorf/ Regensburg 1997.

Garzotto, Franca/ Mainetti, Luca/ Paolini, Paolo: Hypermedia Application Design: A Structured Approach. In: Schuler, Wolfgang/ Hannemann, Jörg/ Streitz, Norbert (Hg.): Designing User Interfaces for Hypermedia. Berlin/ Heidelberg/ New York 1994. S. 5 - 17.

Gerken, Gerd: Multimedia. Das Ende der Information. Wie Multimedia die Welt verändert. Exformation statt Information. Düsseldorf/ München 1996.

Glowalla, Ulrich: Menschliche Kommunikation in der Informationsgesellschaft. In: Glowalla, Ulrich/ Schoop, Eric (Hg.): Deutscher Multimedia Kongreß '96. Perspektiven multimedialer Kommunikation. Berlin/ Heidelberg 1996. S. 27 - 32.

Göbel, Martin/ Grunst, Gernoth: Die Macht der Visualisierung. In: Glowalla, Ulrich/ Schoop, Eric (Hg.): Deutscher Multimedia Kongreß '96. Perspektiven multimedialer Kommunikation. Berlin/ Heidelberg 1996. S. 61 - 70.

Graumann, Carl F.: Interaktion. In: Ansager, Roland/ Wenninger, Gerd (Hg.): Handwörterbuch Psychologie. München/ Weinheim 1994. S. 322 - 327.

Grüne, Heinz/ Urlings, Stephan: Motive der Onlinenutzung. Ergebnisse der psychologischen Studie "Die Seele im Netz". In: Media Perspektiven 9/1996. S. 493 - 498.

Hammwöhner, Rainer: Kognitive Plausibilität. Vom Netz im (Hyper-)Text zum Netz im Kopf. In: Nachrichten für Dokumentation 44/1993. S. 23 - 28.

Hannemann, Jörg/ Thüring, Manfred: What Matters in Developing Interfaces for Hyperdocument Presentation. In: Schuler, Wolfgang/ Hannemann, Jörg/ Streitz, Norbert (Hg.): Designing User Interfaces for Hypermedia. Berlin/ Heidelberg/ New York 1994. S. 29 - 42.

Hardman, Lynda: Experiences in Authoring Hypermedia: Creating Better Presentations. In: Schuler, Wolfgang/ Hannemann, Jörg/ Streitz, Norbert (Hg.): Designing User Interfaces for Hypermedia. Berlin/ Heidelberg/ New York 1994. S. 18 - 28.

Heeter, Carrie: Implications of New Interactive Technolgies for Conzeptualizing Communication. In: Salvaggio, Jerry L./ Bryant, Jennings (Hg.): Media Use in the Information Age. Emerging Patterns of Adoption and Consumer Use. Hillsdale (NJ) 1989. S. 217 - 235.

Heise, Gilbert: Die Online-Dienste. In: Hünerberg, Reinhard/ Heise, Gilbert/ Mann, Andreas (Hg.): Handbuch Online-Marketing. Wettbewerbsvorteile durch weltweite Datennetze. Landsberg/ Lech 1996. S. 53 - 81.

Höflich, Joachim R.: Der Computer als "interaktives Massenmedium". Zum Beitrag des Uses and Gratifications Approach bei der Untersuchung computer-vermittelter Kommunikation. In: Publizistik, 39. Jg. 1994. S. 389 - 408.

Hosenfeld, Friedhelm: Next Generation. Internet-Protokoll Version 6: ein neues Kommunikationszeitalter? In: c't Magazin für Computertechnik 11/1996. S. 380 - 390.

Huly, Heinz-Rüdiger/ Raake, Stefan: Marketing Online. Gewinne auf der Datenautobahn. Frankfurt am Main/ New York 1995.

Hünerberg, Reinhard: Online-Kommunikation. In: Hünerberg, Reinhard/ Heise, Gilbert/ Mann, Andreas (Hg.): Handbuch Online-Marketing. Wettbewerbsvorteile durch weltweite Datennetze. Landsberg/ Lech 1996. S. 107 - 130.

Hünerberg, Reinhard/ Heise, Gilbert/ Mann, Andreas (Hg.): Handbuch Online-Marketing. Wettbewerbsvorteile durch weltweite Datennetze. Landsberg/ Lech 1996.

Idensen, Heiko: Hypertext als Utopie: Entwürfe postmoderner Schreibweisen und Kulturtechniken. In: Nachrichten für Dokumentation 44/1993. S. 37 - 42.

Idensen, Heiko/ Krohn, Matthias: Bild-Schirm-Denken. Manual für hypermediale Diskurstechniken. In: Bolz, Norbert/ Kittler, Friedrich/ Tholen, Christoph (Hg.): Computer als Medium. München 1994. S. 245 - 266.

Jaspersen, Thomas/ Lange, Matthias: Technisch-infrastrukturelle Voraussetzungen. In: Hünerberg, Reinhard/ Heise, Gilbert/ Mann, Andreas (Hg.): Handbuch Online-Marketing. Wettbewerbsvorteile durch weltweite Datennetze. Landsberg/ Lech 1996. S. 33 - 52.

Kabel, Peter: Reality Check. 10 Steps auf dem Weg zu einem erfolgreichen New Media-Produkt. In: Lippert, Werner (Hg.): Annual Multimedia. Düsseldorf 1997. S. 23 - 26.

Kauß, Uwe: Online-Redakteure und Online-Produkte - wichtige Erfolgsfaktoren. In: Glowalla, Ulrich/ Schoop, Eric (Hg.): Deutscher Multimedia Kongreß '96. Perspektiven multimedialer Kommunikation. Berlin/ Heidelberg 1996. S. 127 - 130.

Kolb, Bernd: Multimedia - nur neues Medium oder mediale Revolution? In: Lippert, Werner (Hg.): Annual Multimedia. Düsseldorf 1997. S. 27 - 33.

Krappmann, Lothar: Interaktion. In: Endruweit, Günter/ Trammsdorff, Gisela (Hg.): Wörterbuch der Soziologie. Stuttgart 1989. S. 310.

Krippendorff, Klaus: Der verschwundene Bote. Metaphern und Modelle der Kommunikation. In: Merten, Klaus/ Schmidt, Siegfried J./ Weischenberg, Siegfried (Hg.): Die Wirklichkeit der Medien. Eine Einführung in die Kommunikationswissenschaft. Opladen 1994. S. 79 - 113.

Krüger, Hans-Peter: Kommunikation. In: Sandkühler, Hans Jörg (Hg.): Europäische Enzyklopädie zu Philosophie und Wissenschaften. Hamburg 1990. S. 829 - 841.

Kuhlmann, Herbert/ Reubold, Olaf: Die Internet-Präsenz der Region Odenwald. In: Glowalla, Ulrich/ Schoop, Eric (Hg.): Deutscher Multimedia Kongreß '96. Perspektiven multimedialer Kommunikation. Berlin/ Heidelberg 1996. S. 327 - 332.

Lenzen, Dieter: Kommunikation. In: Ders. (Hg.): Pädagogische Grundbegriffe. Bd. 1. Reinbeck 1989. S. 872 - 877.

Lewandrowski, Theodor: Linguistisches Wörterbuch. Heidelberg/ Wiesbaden 1990.

Lieder, Ralf: Online Publishing - Event statt Content!? In: Lippert, Werner (Hg.): Annual Multimedia. Düsseldorf 1997. S. 15 - 18.

Lippert, Werner: Integrierte Kommunikation mit Multimedia. In: Ders. (Hg.): Annual Multimedia. Düsseldorf 1997. S. 44 - 48.

Lübbeke, Michael/ Grubb, Anne: Unternehmenskommunikation im Internet: Das Beispiel der Mannheimer Versorgungs- und Verkehrsgesellschaft (MVV). In: Bentele, Günter/ Steinmann, Horst/ Zerfaß, Ansgar (Hg.):

Dialogorientierte Unternehmenskommunikation. Grundlagen - Praxiserfahrungen - Perspektiven. Berlin 1996.

Maresch, Rudolf: Mediatisieung: Dispositiv der Öffentlichkeit 1800/2000. In: Ders. (Hg.): Medien und Öffentlichkeit. Positionierungen - Symptome - Simulationsbrüche. München 1996. S. 9 - 29.

Massing, Peter: Interesse. In: Nohlen, Dieter (Hg.): Lexikon der Politik. Bd. 1: Politische Theorien. München 1995. S. 217 - 225.

Merten, Klaus: Kommunikation. Eine Begriffs- und Prozeßanalyse. Opladen 1977.

Mitchell, William J.: Die neue Ökonomie der Präsenz. In: Münker, Stefan/ Roesler, Alexander (Hg.): Mythos Internet. Frankfurt am Main 1997. S. 15 - 33.

Mocker, Helmut/ Mocker, Ute: Intranet - Internet im betrieblichen Einsatz. Grundlagen, Umsetzung, Praxisbeispiele. Frechen 1997.

Morris, Merrill/ Ogan, Christine: The Internet as Mass Medium. In: Journal of Communication, 46. Jg. 1/1996. S. 39 - 50.

Müller, Wolfgang E.: Werbung und Multimedia. In: Glowalla, Ulrich/ Schoop, Eric (Hg.): Deutscher Multimedia Kongreß '96. Perspektiven multimedialer Kommunikation. Berlin/ Heidelberg 1996. S. 271 - 273.

Müller-Michaelis, Wolfgang: Die Informationsgesellschaft im Aufbruch. Perspektiven für Wachstum, Beschäftigung und Kommunikation. Frankfurt 1996.

Negroponte, Nicholas: Total digital. Die Welt zwischen 0 und 1 oder Die Zukunft der Kommunikation. München 1995.

Nelson, Theodor Holm: Literary Machines: The Report on, and of, Project Xanadu concerning word processing, electronic publishing, hypertext, thinkertoys, tomorrows intellectual revolution, and certain other topics including knowledge, education and freedom. Sount Bend 1987.

Nestmann, Frank: Kommunikations- und Massenkommunikationsforschung. In: Grubitzsch, Siegfried/ Rexilius, Günter (Hg.): Psychologische Grundbegriffe. Mensch und Gesellschaft in der Psychologie. Ein Handbuch. Hamburg 1987. S. 545 - 553.

Neuendorff, Hartmut: Interesse. In: Kerber, Harald/ Schmieder, Arnold (Hg.): Handbuch Soziologie. Reinbeck 1984. S. 271 - 274.

Oenicke, Jens: Online-Marketing. Kommerzielle Kommunikation im interaktiven Zeitalter. Stuttgart 1996.

Oswald, Hans: Interaktion. In: Lenzen, Dieter (Hg.): Pädagogische Grundbegriffe. Bd. 1. Reinbeck 1989. S. 756 - 763.

Ottomeyer, Klaus: Interaktion. In: Grubitzsch, Siegfried/ Rexilius, Günter (Hg.): Psychologische Grundbegriffe. Mensch und Gesellschaft in der Psychologie. Ein Handbuch. Hamburg 1987. S. 502 - 507.

Peuckert, Rüdiger: Interaktion. In: Schäfers, Bernhard (Hg.): Grundbegriffe der Soziologie. Opladen 1995. S. 140 - 142.

Redaktion Wirtschaft: Online-Publishing deutscher Unternehmen. Hamburg 1997.

Reimann, Horst: Kommunikation. In: Endruweit, Günter/ Trammsdorff, Gisela (Hg.): Wörterbuch der Soziologie. Stuttgart 1989. S. 343 - 348.

Reinhold, Gerd (Hg.): Soziologie-Lexikon. München/ Wien/ Oldenbourg 1991.

Resch, Martin/ Volpert, Walter: Computer. In: Ansager, Roland/ Wenninger, Gerd (Hg.): Handwörterbuch Psychologie. München/ Weinheim 1994. S. 93 - 97.

Rheinz, Hanna: Die seelischen Abgründe der Telekommunikation. Forscher untersuchen das Verhalten der Netzsurfer. In: SZ-Technik (Beilage der Süddeutschen Zeitung), 21.10.1996. S. 32.

Rötzer, Florian: Mediales und Digitales. Zerstreute Bemerkungen und Hinweise eines irritierten informationsverarbeitenden Systems. In: Ders. (Hg.): Digitaler Schein. Ästhetik der elektronischen Medien. Frankfurt am Main 1991. S. 9 - 78.

Rötzer, Florian: Interaktion - das Ende herkömmlicher Massenmedien. In: Bollmann, Stefan (Hg.): Kursbuch Neue Medien. Trends in Wirtschaft und Politik, Wissenschaft und Kultur. Mannheim 1995. S. 57 - 78.

Rohner, Kurt: Der Internet-Guide für Manager. München 1997.

Sandbothe, Mike: Interaktivität - Hypertextualität - Transversalität. Eine medienphilosophische Analyse des Internet. In: Münker, Stefan/ Roesler, Alexander (Hg.): Mythos Internet. Frankfurt am Main 1997. S. 56 - 82.

Saxer, Ulrich: Medien als problemschaffende und problemlösende Systeme: Zur Notwendigkeit der Annäherung der Medienforschung an ihren Gegenstand. In: Publizistik, 42. Jg. 1/1997. S. 73 - 82.

Schäfers, Bernhard: Interesse. In: Ders. (Hg.): Grundbegriffe der Soziologie. Opladen 1995. S. 143 - 144.

Scherr, Albert: Kommunikation. In: Schäfers, Bernhard (Hg.): Grundbegriffe der Soziologie. Opladen 1995. S. 154 - 160.

Schmidt, Siegfried J.: Handlungsrollen im Fernsehsystem. In: Faulstich, Werner (Hg.): Vom "Autor" zum Nutzer. Geschichte des Fernsehens in der Bundesrepublik Deutschland (hrsg. von Helmut Kreuzer und Christian W. Thomsen), Bd. 5. München 1994. S. 13 - 26.

Schöhl, Wolfgang: Neue Kommunikations-, Informations- und Publikationstechnologien und die Vorteile der Elektronisierung der Presse- und PR-Arbeit. In: pr-magazin 10/1995. S. 33 - 40.

Schoop, Eric/ Glowalla, Ulrich: Internet und Online-Dienste. Eine guided tour durch den Dschungel der Multimedia-Kommunikation. In: Glowalla, Ulrich/ Schoop, Eric (Hg.): Deutscher Multimedia Kongreß '96. Perspektiven multimedialer Kommunikation. Berlin/ Heidelberg 1996. S. 51 - 60.

Schrage, Michael: Die Zukunft der Werbung. In: Bollmann, Stefan (Hg.): Kursbuch Neue Medien. Trends in Wirtschaft und Politik, Wissenschaft und Kultur. Mannheim 1995. S. 292 - 295.

Schramka, Bernd: Zeitung zum Hören, Radio zum Lesen und Fernsehen zum Ausdrucken. In: Glowalla, Ulrich/ Schoop, Eric (Hg.): Deutscher Multimedia Kongreß '96. Perspektiven multimedialer Kommunikation. Berlin/ Heidelberg 1996. S. 121 - 126.

Schulz, Winfried: Kommunikationsprozeß. In: Noelle-Neumann, Elisabeth/ Schulz, Winfried/ Wilke, Jürgen (Hg.): Fischer Lexikon Publizistik Massenkommunikation. Frankfurt am Main 1995. S. 140 - 171.

Schürmann, Volker: Interesse. In: Sandkühler, Hans Jörg (Hg.): Europäische Enzyklopädie zu Philosophie und Wissenschaften. Hamburg 1990. S. 704 - 707.

Seidel, Sibylle/ Glowalla, Ulrich: Gesucht wird: Der Online-Redakteur. In: Glowalla, Ulrich/ Schoop, Eric (Hg.): Deutscher Multimedia Kongreß '96. Perspektiven multimedialer Kommunikation. Berlin/ Heidelberg 1996. S. 115 - 120.

Spiegel-Anzeigenmarketing (Hg.): Das Netz. Die Welt Online. (Nachdruck der Spiegel-Serie Internet I-IV aus: Der Spiegel 11,12,13,14/1996.) Hamburg 1996.

Stern-Anzeigenabteilung (Hg.): MarkenProfile 6: Telekommunikation - Computer - Online. Hamburg 1996.

Sterne, Jim: World Wide Web Marketing. Integrating the Internet into Your Marketing Strategy. New York u.a. 1995.

Steuer, Jonathan: Defining Virtual Reality: Dimensions Determining Telepresence. In: Biocca, Frank/ Levy, Mark R. (Hg.): Communication in the Age of Virtual Reality. Hillsdale/Hove 1995. S. 33 - 56.

Summa, Harald, A.: Virtual Network - behind the Internet. In: Glowalla, Ulrich/ Schoop, Eric (Hg.): Deutscher Multimedia Kongreß '96. Perspektiven multimedialer Kommunikation. Berlin/ Heidelberg 1996. S. 71 - 76.

Tergan, Sigmar-Olaf: Zum Aufbau von Wissensstrukturen mit Texten und Hypertexten. In: Nachrichten für Dokumentation 44/1993. S. 15 - 22.

Thiel, Ulrich: Interaction in Hypermedia Systems: From Browsing to Conversation. In: Schuler, Wolfgang/ Hannemann, Jörg/ Streitz, Norbert (Hg.): Designing User Interfaces for Hypermedia. Berlin/ Heidelberg/ New York 1994. S. 43 - 54.

Ulrich, Holger: Public Relations im Internet. Ergebnisse einer Inhaltsanalyse von 25 Web-Sites deutscher Unternehmen im World Wide Web. In: PR-Magazin, 10/1997, S. 31 - 38.

Vater, Heinz: Einführung in die Textlinguistik. Struktur, Thema und Referenz in Texten. München 1992.

Vorfelder, Jochen/ Sweet, Jim: Greenpeace auf dem Internet. In: Deutsche Public Relations Gesellschaft e.V. (Hg.): Medien der Zukunft - Zukunft der Medien. Dokumentation zur Jahrestagung der Deutschen Public Relations-Gesellschaft am 3. und 4. November 1995 in Heidelberg. Bonn 1995. S. 138 - 150.

Wallbrecht, Dirk U./ Clasen, Ralf: Internet für Marketing, Vertrieb, Kommunikation. Anbieter und Nutzer im Netz der Netze. Berlin 1997.

Werner, Andreas/ Stephan, Ronald: Marketing-Instrument Internet. Heidelberg 1997.

Wiehl, Reiner: Form. In: Krings, Hermann/ Baumgartner, Michael/ Wild, Christoph (Hg.): Handbuch philosophischer Grundbegriffe. München 1973. S. 442 - 457.

Wingert, Bernd: Äußerer und innerer Hypertext: Eine notwendige Differenzierung, verdeutlicht am Flusser-Hypertext. In: Nachrichten für Dokumentation 44/1993. S. 29 - 36.

Wingert, Bernd: Die neue Lust am Lesen? Erfahrungen und Überlegungen zur Lesbarkeit von Hypertexten. In: Bollmann, Stefan (Hg.): Kursbuch Neue Medien. Trends in Wirtschaft und Politik, Wissenschaft und Kultur. Mannheim 1995. S. 112 - 129.

Wingert, Bernd/ Riehm, Ulrich/ Böhle, Knud: Perspektiven auf Hypertext - vorgestellt und hinterfragt. In: Nachrichten für Dokumentation 43/1992. S. 83 - 95.

Zerfaß, Ansgar/ Fietkau, Karen: Interaktive Öffentlichkeitsarbeit. Der Einsatz von Internet und Online-Diensten im PR-Management. Nürnberg 1997.

Zimmer, Jochen: Profile und Potentiale der Onlinenutzung. Ergebnisse erster Onlinemarktstudien in Deutschland. In: Media Perspektiven 9/96. S. 487 - 492.

Verzeichnis der Abbildungen

Abbildung 1: Idealtypische "Baupläne" von Internet-Auftritten (Kriterium "Organisation der Seiten") — 40

Abbildung 2: Unterrubrik "Das Tschernobyl-Desaster" im Internet-Auftritt von Greenpeace — 67

Abbildung 3: Homepage von Greenpeace Deutschland — 68

Abbildung 4: Internet-Auftritt von Greenpeace Deutschland, Seite 062 — 69

Abbildung 5: Das "Soja-Spiel" (Internet-Auftritt von Greenpeace Deutschland, Seite 020) — 75

Abbildung 6: Das "Hubschrauber-Spiel" (Internet-Auftritt von Greenpeace Deutschland, Seite 351) — 82

Abbidung 7: Homepage der Bundesregierung — 89

Abbildung 8: "Charlies WWW-Seite" (Startseite) — 93

Abbildung 9: Homepage der Deutschen Shell AG — 96

Abbildung 10: Organisation der Seiten in den Internet-Auftritten von Shell und Greenpeace — 97

Abbildung 11: Homepage der KZ-Gedenkstätte Flossenbürg — 100

Abbildung 12: Organisation der Seiten des Internet-Auftritts der KZ-Gedenkstätte Flossenbürg — 101

Abbildung 13: Linearer Ablauf mit untergeordneten Baumstrukturen im "virtuellen Autosalon" — 106

Abbildung 14: "Virtueller Autosalon", Seite 007 — 107

Abbildung 15: Homepage des "Virtuellen Ortsvereins" — 110

Abbildung 16: Interessengeleitete Kommunikation über das Internet 122

Abbildung 17: Mediumbestimmte interessengeleitete Kommunikation 123

Anhang

1. Kriterien zur Untersuchung von Internet-Auftritten und mögliche Ausprägungen — 139

2. Internet-Auftritt von Greenpeace Deutschland: Ablaufplan — 148

1. Kriterien zur Untersuchung von Internet-Auftritten und mögliche Ausprägungen

K = Kriterium
A(K) = Ausprägung (des Kriteriums)

```
K1 Statische Elemente
```

K1.1 Text

K1.1[i]1: Thematisierung des Anbieters
    A(K1.1[i]1)1: allgemein
    A(K1.1[i]1)2: speziell

K1.1[i]2: Thematisierung der Interessen/ Tätigkeiten/ Produkte/ Dienstleistungen etc. des Anbieters
    A(K1.1[i]2)1: allgemein
    A(K1.1[i]2)2: speziell

K1.1[i]3: Themen außerhalb des Anbieters und seiner Interessen/ Tätigkeiten/ Produkte/ Dienstleistungen etc.
    A(K1.1[i]3)1: allgemein
    A(K1.1[i]3)2: speziell

K1.1[i]4: inhaltliche Vernetzung des Textes
    K1.1[i]4.1: Metakontextualität
    K1.1[i]4.2: Kontextualisierbarkeit
K1.1[f]1: formale Vernetzung des Textes (Verbindung mit statischen Elementen)
    A(K1.1[f]1)1: Text→Text
    A(K1.1[f]1)2: Text→Bild/Grafik
    A(K1.1[f]1)3: Text→Ton
    A(K1.1[f]1)4: Text→Animation

(Fortsetzung →)

K1.1 Text (Fortsetzung)

K1.1[f]2: Textform
        A(K1.1[f]2)1: kurze, einführende Texte
        A(K1.1[f]2)2: unkommentierte Daten (z.B.
                       Geschäftsbericht-Daten)
        A(K1.1[f]2)3: Adressen/ Kontakte
        A(K1.1[f]2)4: ausführliche Berichte/
                       Hintergrundinformationen/
                       Dokumentationen
        A(K1.1[f]2)5: Originaldokumente (z.B.
                       Pressemeldungen/ Programme)

K1.2 Bild/ Grafik

K1.2[i]1: Thematisierung des Anbieters
        A(K1.2[i]1)1: allgemein
        A(K1.2[i]1)2: speziell

K1.2[i]2: Thematisierung der Interessen/ Tätigkeiten/
        Produkte/Dienstleistungen etc. des Anbieters
        A(K1.2[i]2)1: allgemein
        A(K1.2[i]2)2: speziell

K1.2[i]3: Themen außerhalb des Anbieters und seiner
        Interessen/ Tätigkeiten/ Produkte/
        Dienstleistungen etc.
        A(K1.2[i]3)1: allgemein
        A(K1.2[i]3)2: speziell

K1.2[i]4: inhaltliche Vernetzung von Bild/ Grafik

        K1.2[i]4.2: Metakontextualität

        K1.2[i]4.3: Kontextualisierbarkeit

K1.2[f]1: formale Vernetzung von Bild/Grafik (Verbindung
        mit statischen Elementen
        A(K1.2[f]1)1: Bild/Grafik→Bild/Grafik
        A(K1.2[f]1)2: Bild/Grafik→Text
        A(K1.2[f]1)3: Bild/Grafik→Ton
        A(K1.2[f]1)4: Bild/Grafik→Animation

(Fortsetzung →)

K1.2 Bild/ Grafik (Fortsetzung)

K1.2[f]2: Bild-/ Grafiktyp
    A(K1.2[f]2)1: Zeichnung
    A(K1.2[f]2)2: Symbol (Icon)
    A(K1.2[f]2)3: Fotografie
    A(K1.2[f]2)4: Typographie

K1.3 Ton

K1.3[i]1: Thematisierung des Anbieters
    A(K1.3[i]1)1: allgemein
    A(K1.3[i]1)2: speziell

K1.3[i]2: Thematisierung der Interessen/ Tätigkeiten/ Produkte/Dienstleistungen etc.
    A(K1.3[i]2)1: allgemein
    A(K1.3[i]2)2: speziell

K1.3[i]3: Themen außerhalb des Anbieters und seiner Interessen/ Tätigkeiten/ Produkte/ Dienstleistungen etc.
    A(K1.3[i]3)1: allgemein
    A(K1.3[i]3)2: speziell

K1.3[i]4: inhaltliche Vernetzung von Ton
 	
    K1.3[i]4.1: Metakontextualität
 	
    K1.3[i]4.2: Kontextualisierbarkeit
K1.3[f]1: formale Vernetzung von Ton (Verbindung mit statischen Elementen
    A(K1.3[f]1)1: Ton→Ton
    A(K1.3[f]1)2: Ton→Text
    A(K1.3[f]1)3: Ton→Bild/Grafik
    A(K1.3[f]1)4: Ton→Animation

K1.3[f]2: Formen von Vertonung
    A(K1.3[f]2)1: auditiver Text/ gesprochene
                     Sprache
    A(K1.3[f]2)2: Geräusch
    A(K1.3[f]2)3: Musik

K1.4 Animation

K1.4[i]1: Thematisierung des Anbieters
    A(K1.4[i]1)1: allgemein
    A(K1.4[i]1)2: speziell

K1.4[i]2: Thematisierung der Interessen/ Tätigkeiten/ Produkte/Dienstleistungen etc. des Anbieters
    A(K1.4[i]2)1: allgemein
    A(K1.4[i]2)2: speziell

K1.4[i]3: Themen außerhalb des Anbieters und seiner Interessen/ Tätigkeiten/ Produkte/ Dienstleistungen etc.
    A(K1.4[i]3)1: allgemein
    A(K1.4[i]3)2: speziell

K1.4[i]4: inhaltliche Vernetzung animierter Teile
 	
    K1.4[i]4.1: Metakontextualität
 	
    K1.4[i]4.2: Kontextualisierbarkeit
 	
K1.4[f]1: formale Vernetzung animierter Teile (Verbindung mit statischen Elementen)
    A(K1.4[f]1)1: Animation→Animation
    A(K1.4[f]1)2: Animation→Text
    A(K1.4[f]1)3: Animation→Bild/Grafik
    A(K1.4[f]1)4: Animation→Ton

K1.4[f]2: Formen der Animation
    A(K1.4[f]2)1: Text-Animation
    A(K1.4[f]2)2: Icon-Animation
    A(K1.4[f]2)3: Bild-/Grafik-Animation

K1.5 Farbe

K1.5[f]1: Variabilität des Farbeinsatzes
  A(K1.5[f]1)1: schwarz/weiß
  A(K1.5[f]1)2: einfarbig
  A(K1.5[f]1)3: zweifarbig
  A(K1.5[f]1)4: mehrfarbig

K1.5[f]2: dominante Farbtöne

K2 Dynamische Elemente

K2.1 Service

A(K2.1)1: Bestell-Option
A(K2.1)2: Download-Option
A(K2.1)3: Verbindung zu angeschlossenen Dienstleistern
A(K2.1)4: gesonderte Foren zur Informationsbefriedigung bestimmter Zielgruppen

K2.2 Links

K2.2.[i]1: Verbindung von Inhalten über Links

K2.2.[f]1: Reichweite der Links

  K2.2.2[f]1.1: iNet-Auftritts-intern

  K2.2.2[f]1.2: Anbieter-intern

  K2.2.2[f]1.3: Anbieter-extern

K2.3 Navigation

K2.3.1: Präsentation der Organisation der Seiten

    K2.3.1.1: Rubriken
        A(K2.3.1.1)1: auf Startseite
        A(K2.3.1.1)2: auf ausgewählten Seiten
        A(K2.3.1.1)3: permanent

    K2.3.1.2: Organisationsplan
        A(K2.3.1.2)1: mit Link-Möglichkeit
        A(K2.3.1.2)2: ohne Link-Möglichkeit

    K2.3.1.3: Positionsandeutung auf Seiten

K2.3.2: Präsentation von Links

    K2.3.2.1: Kennzeichnung von Links
        A(K2.3.2.1)1: explizit
        A(K2.3.2.1)2: implizit

    K2.3.2.2: Form der Links
        A(K2.3.2.2)1: textlich
        A(K2.3.2.2)2: nicht-textlich

K2.3.3: formale Organisation der Navigationsinstrumente

K2.4 Interaktivität

K2.4.1: Komplexität der Auswahlmöglichkeiten

    K2.4.1[f]1: Art der Auswahlmöglichkeiten
        A(K2.4.1[f]1)1: Navigieren
        A(K2.4.1[f]1)2: Feedback geben
        A(K2.4.1[f]1)3: Sonder-Optionen

    K2.4.1[f]2: Zahl der Auswahlmöglichkeiten

K2.4.2: Reaktionsfähigkeit des Mediums auf den User

K2.4.3: Möglichkeit, Informationen einzuspeisen

    K2.4.3[i]1: Hinzufügbare Inhalte
        A(K2.4.3[i]1)1: Inhalte zur Person/ Institution des Anbieters
        A(K2.4.3[i]1)2: Anbieter-nahe Themen
        A(K2.4.3[i]1)3: Anbieter-fremde Themen

    K2.4.3[f]1: Autorisierte Nutzer
        A(K2.4.3[f]1)1: potentiell jeder Nutzer
        A(K2.4.3[f]1)2: definierte Gruppe

    K2.4.3[f]2: Form hinzufügbarer Inhalte
        A(K2.4.3[f]2)1: textl. Notizen
        A(K2.4.3[f]2)2: Dateien
        A(K2.4.3[f]2)3: Foto, Grafik o.ä.
        A(K2.4.3[f]2)4: Ton-Sequenz
        A(K2.4.3[f]2)5: Bild-Sequenz

    K2.4.3[f]3: vorgegebener Maximal-Umfang
        A(K2.4.3[f]3)1: mit Maximal-Umfang
        A(K2.4.3[f]3)2: ohne Maximal-Umfang

(Fortsetzung →)

K2.4 Interaktivität (Fortsetzung)

K2.4.4: Möglichkeiten interpersonaler Kommunikation

    K2.4.4[i]1: Interpersonale Kommunikation mit Thematisierung der Person/ Institution des Anbieters
        A(K2.4.4[i]2)1: allgemein
        A(K2.4.4[i]2)2: speziell

    K2.4.4[i]2: Interpersonale Kommunikation mit Thematisierung der Interessen/ Tätigkeiten/ Produkte/ Dienstleistungen o.ä. des Anbieters
        A(K2.4.4[i]2)1: allgemein
        A(K2.4.4[i]2)2: speziell

    K2.4.4[i]3: Interpersonale Kommunikation mit Themen außerhalb der Interessen/ Tätigkeiten/ Produkte/ Dienstleistungen etc. des Anbieters
        A(K2.4.4[i]3)1: allgemein
        A(K2.4.4[i]3)2: speziell

    K2.4.4[f]1: Formen interpersonaler Kommunikation
        A(K2.4.4[f]1)1: Text
        A(K2.4.4[f]1)2: Ton
        A(K2.4.4[f]1)3: Standbild
        A(K2.4.4[f]1)4: Bewegtbild

    K2.4.4[f]2: Zahl potentiell beteiligter Personen
        A(K2.4.4[f]2)1: zwei Personen
        A(K2.4.4[f]2)2: mehr als zwei Personen

    K2.4.4[f]3: Zeitstruktur interpersonaler Kommunikation
        A(K2.4.4[f]3)1: zeitversetzt
        A(K2.4.4[f]3)2: simultan

    K2.4.4[f]4: Moderation interpersonaler Kommunikation durch Anbieter
        A(K2.4.4[f]4)1: moderiert
        A(K2.4.4[f]4)2: nicht moderiert

K3 Organisation

K3.1: Organisation der Elemente
K3.1.1: optisch-räumlich
K3.1.2: erzählerisch-integrativ

K3.2: Organisation der Seiten
A(K3.2)1: Einzelseite A(K3.2)2: lineare Folge A(K3.2)3: Baumstruktur A(K3.2)4: Plenarstruktur

2. Internet-Auftritt von Greenprace Deutschland: Ablaufplan (Stand: 15.5.1997)

Hierarchie/ lfd. Nr. 1. 2. 3. 4. 5. 6. 7. 8. 9. 10. Generation	Links*)	Bemerkungen
001 Startseite	254,417,459	Rubriken, aktuelles Thema als "Aufmacher", Laufband
002 Redaktion aktuell	081,181,193,226, 417,559 PM[1] 15.5.97 AE: norwegische Wale-Initiative	Bündelung/ Neuordnugsfunktion ("Brille") Texte über "Greenpeace in aller Welt" an der rechten Seite sonst serviceorientiert/ persönlich gehalten
003 E-Mail-Abo		
004 Greenpeace Magazin (Vorstellung im Rahmen von "Redaktion aktuell")	055	Vorstellung ausgewählter Beiträge des Print-Magazins + Überblick (Inhaltsvz.Print)
005 Greenpeace Magazin 2/97	055	
006 Geheimakte Nikitin	055	
007 Jugend 97 - Die Sorgen-Kinder	055 AE: Gruppe "Kinder Rächts Zänker" für Gleichberechtigung junger Menschen	
008 Jugend 97 - Forsa-Umfrage	055	
009 Jugend 97 - Die Ausgebremsten	055	
010 Titel: Rassige Ahnen - alte Haustierrassen	055	
011 Castor: "Kein Teufelswerk" - Interview mit Wilfried Steuer, Chef des Atomforums	055	
012 Neue Jobs		
013 ("Archiv") Homepage gestern		
014 ("Archiv") Homepage vorgestern		
015 ("Special") Ökologische Waldnutzung	222,223,224,225, 234,235,272	
016 ("Special") Sommersmog	167,168 PM 3.5.96	
017 Kommentar		
018 Ozonwerte	AE: Stadt Frankfurt	Tabelle mit Informationsquellen zu Ozonwerten
019 ("Special") Gentech	107,116,119,120,121,270	Rubrikenschema[2] Download: Soja-Video
020 Soja-Spiel		Nutzer muß erraten, unter welchem Würfelbecher die Bohne ist
021 "Widerstand gegen manipulierte Soja wächst"		
022 Unterschriften-Flugblatt		
023 (Pressekonferenz) Gentechnik: Ölmühle Hamburg will weiter Gen-Soja bunkern	020,021 Archiv-Meldung 5.11.96	
024 Unilever distanziert sich von Gen-Soja	PM 24.10.96	
025 Kommentar: Frühstück bei Unilever		

*) Abk.: AI= Anbieter-interne, jedoch auftritts-externe Links; AE= Anbieter-externe Links; SI= Seiten-interne Links; PM= Pressemitteilung(en)

[1] Pressemitteilungen (siehe 380 und 381) werden nicht einzeln aufgeführt.
[2] Zur Definition des "Rubrikenschemas" siehe den Analysetext.

Hierarchie/ lfd. Nr.										Links	Bemerkungen
1.	2.	3.	4.	5.	6.	7.	8.	9.	10. Generation		
	026 ("Special") SmILE									161,172,271 Archiv: Fotos, Der Bau, Technische Details, Fragen & Antworten, "swiss made"	Rubrikenschema Download Text: - "Das SmILE-Konzept: die Technik" - "Das SmILE-Konzept: Fragen & Antworten" Download Video: "Twingo SmILE"
	027 ("Special") Castor									083	
	028 ("Special") Smog der Megastädte										
	029 ("Special") Anktarktis-Tour 1997									190	
	030 ("Special") Thermographie										
	031 Was wir für Sie machen										Portrait Online-Redaktion
	032 Das Medium braucht die Message										Kommentar zum WWW
	033 Themen & Kampagnen										Rubrikenschema
	034 Greenpeace: die Fakten										Rubrikenschema
		035 Die Ziele von Greenpeace									Kommentar Dr. Thilo Bode: 25 Jahre Greenpeace
			036 Die Gründer								
			037 Greenpeace-Chronik (1971-75)								
				038 Chronik 1976-80						039,040,041,042	
				039 Chronik 1981-85						038,040,041,042	
				040 Chronik 1986-90						038,039,041,042	
				041 Chronik 1990-95						038,039,040,042	
				042 Chronik 1996-						038,039,040,041	Stand März 1996
			043 Die Flotte ("Rainbow Warrior I")								
				044 "Rainbow Warrier II"						045,046,047,048,049	
				045 "Beluga"						044,046,047,048,049	
				046 "Sirius"						044,045,047,048,049	
				047 "Moby Dick"						044,045,046,048,049	
				048 "MV Greenpeace"						044,045,046,047,049	
				049 "Arctic Sunrise"						–	
			050 Greenpeace International								061 AI: internationaler Greenpeace-Server
			051 Greenpeace: Die Erfolge								061 AI: internationaler Greenpeace-Server
			052 Greenpeace Deutschland								
				053 Greenpeace stellt sich vor							langer Text
				054 Die Gruppen						3x SI (1 Richtung)	langer Text
				055 Greenpeace Magazin							
					056 Greenpeace Umweltschutz-verlag GmbH						Informationen über Bücher, Videos, Magazin, Kalender etc.
			057 Greenpeace: Die Finanzen								
				058 Jahresbericht 1994							langer Text
				059 Jahresbericht 1995						19x SI (1 Richtung)	langer Text
					060 Gewinn- und Verlustrechnung						

149

Hierarchie/ lfd. Nr.											Links	Bemerkungen
1.	2.	3.	4.	5.	6.	7.	8.	9.	10.	Generation		
					061	Greenpeace-Adressen weltweit					16 AI: Greenpeace-Server: Australien, Österreich, Belgien, Kanada, Griechenland, International, Irland, Italien, Mittelmeerraum, Niederlande, Norwegen, Spanien, Schweden, Schweiz, United Kingdom, USA	
				062	Atom: Abrüstung und AKWs							Rubrikenschema Anmoderation über Tschernobyl
					063	Das Tschernobyl-Desaster					AI: Greenpeace-Berlin AE: Initiative "Hilfe für die Kinder von Tschernobyl"	Rubrikenschema
						064	Tschernobyl: Die Chronik				065,066,067,068	
						065	Zeugenaussagen				066,067,068	langer Text
						066	Zum Thema: Tödliche Strahlen					
						067	Zum Thema: Strahlende Felder					Aufruf zu persönlichem Brief an Bundeskanzler und Bundesumweltmin., nicht in Online-Aktion eingebunden
						068	Zum Thema: Wirtsch. Kollaps					Aufruf zu persönlichem Brief an Bundeskanzler und Bundesumweltmin., nicht in Online-Aktion eingebunden
					069	Chinesische Atomtests					048	Rubrikenschema
						070	Bordtagebuch der MV Greenpeace					
						071	Chinesische Atomtests					
						072	Landkarte China					
						073	Geschichte der Atomtests					
						074	[Fahrt] [unbetitelte Seite]					Fahrtroute der MV Greenpeace
						075	Geschichte der Atomteststoppverhandlungen					
					076	Greenpeace Anti-Atom-Kampagne					063,079,080,081,082,094	
						077	Abrüstung					
						078	Atomenergie					
						079	Ost-Reaktoren					
						080	Wiederaufarbeitung					
						081	Zum Thema: Endlager Morsleben					
						082	Moruroa					
						083	Castor					
							084	Kampagnen-Rückblick 1996				
								085	Neutronenstrahlung			
									086	[Aushang]: Resolution einer Gruppe innerhalb der GdP		
									087	[Podiumsdiskussion]: Aufruf		
									088	[Routen]: Karte mit möglichen Transport-Strecken		
									089	Castor-Unfall		
								090	Zwischenlager Gorleben			
									091	[Appell]: Abb. des Plakates		
				092	Chemie: Chlor & PVC							
					093	Studie: PC-Recycling - Anspruch und Wirklichkeit					14 SI auf Unterkapitel; dort jew. zurück zum Anfang	

Hierarchie/ lfd. Nr. 1. 2. 3. 4. 5. 6. 7. 8. 9. 10. Generation		Links	Bemerkungen
094	Energie & Solar		Rubrikenschema Download: - Auswertung Cyrus - Marktanalyse
	095 Greenpeace in Aktion: Lasst die Sonne rein		
	096 Zum Thema Solarenergie		
	097 Hintergrund: Cyrus	096,099,100,101	Download Text: Auswertung Cyrus
	098 Fragen und Antworten Cyrus	096,097,099,100, 101	Download Text: Auswertung Cyrus
	099 Übersicht: Solar-Förderung des Bundes und der Länder	096,097,098,100, 101	Download Text: Auswertung Cyrus
	100 Studie Sonnige Zukunft		langer Text
	101 Broschüre Solar-Fassaden		langer Text
	102 Sonnenkarte (Vorhersage der einstrahlenden Sonnenenergie für den folgenden Tag	096 AE: Deutscher Wetterdienst	
	103 Windenergie (Positionspapier)	8 SI + 10	Fußnoten= Quellenangeben (zusammenhängender Fließtext)
104	Giftexporte		Rubrikenschema Download Text: - Rumänien - Albanien
	105 Ziele und Kampagnen-Chronik	106	Download(je 2x): - Rumänien - Albanien
	106 In Aktion: Müllexportverbot		
107	Gentechnik Einkaufsnetz	019	
	108 Wo ist eigentlich Soja drin?		
	109 Was ist das Einkaufsnetz?	114	Link zu 114 ("Ja, ich mache mit") getarnt über Text "Infomaterial"
	110 Werden Sie jetzt aktiv!	270	
	111 Die Gelbe Karte für Ihren Supermarkt		Anweisung: "Mit Farbdrucker ausdrucken oder auf gelbes Blatt Papier kopieren"
	112 Musterbrief an Supermärkte und Lebensmittelhersteller		
	113 Verzichtserklärung (für Unternehmen)		
	114 Ja, ich mache mit!		Formular
115	Gentechnik-Kampagne	020,107 Homepage 6.11.96, 25.10.96 Archiv-Meldung 24.10.96	Rubrikenschema Download Audio: "Widerstand gegen genmanipulierte Soja wächst"
	116 Kampagnen-Rückblick 1996	121 Homepage 10.10.96, 18.10.96, 11.9.96, 5.11.96 AE: Unilever	
	117 Emnid-Umfrage	5 SI (1 Richtung) 021,120,121	
	118 Das Problem mit dem Gen-Mais		
	119 "Denn wir wissen nicht mehr, was wir essen"		zweispaltig gelayoutet
	120 Die Gen-Soja auf dem Weg nach Europa	121 Homepage 4.9.96	auf Archiv-Homepage 4.9.96 externer Link zu Monsanto...
	121 Monsanto - Konzern der Gene und Gifte		...hier hingegen nicht zum Ausdrucken
	122 Unterschriften-Flugblatt von BUND, Greenpeace und Verbraucher-Zentrale		
	123 Übersicht: Händler und Hersteller, die auf die Gen-Sojabohne verzichten wollen	019	

Hierarchie/ lfd. Nr.											Links	Bemerkungen
1.	2.	3.	4.	5.	6.	7.	8.	9.	10.	Generation		
			124 Kinder und Jugendliche/ Kids bei Greenpeace								1 SI 253,278,289,329, 343,327	
				125 Kids & Teens & Greenpeace							6 SI	Chronik
				126 Interviews, Songtexte und Soundausschnitte								
					127 Stars und Greenteams						AE: Virgin Schallpl.	
						128 Udo Lindenberg "Komm doch zu uns"					AE: Virgin Schallpl.	Download: Sound-File
							129 Foto					
							130 Songtext				129 AE: Virgin Schallpl.	Download: Sound-File
						131 Wolf Maahn "Mutter Erde"					AE: Virgin Schallpl.	Interview, Download: Sound-File
							132 Foto					
							133 Songtext				132 AE: Virgin Schallpl.	Download: Sound-File
						134 Achim Reichel "Havarie der Exxon Valdez"					AE: Virgin Schallpl.	Interview Download: Sound-File
							135 Foto					
							136 Songtext				135 AE: Virgin Schallpl.	Download: Sound-File
						137 Nena					AE: Virgin Schallpl.	Interview Download: Sound-File
							138 Foto					
							139 Songtext				138 AE: Virgin Schallpl.	Download: Sound-File
						140 Klaus Hoffmann "Alle Farben dieser Welt"					AE: Virgin Schallpl.	Interview Download: Sound-File
							141 Foto					
							142 Songtext				141 AE: Virgin Schallpl.	
						143 Selig "Geld"					AE: Virgin Schallpl.	Interview, Download: Sound-File
							144 Foto					
							145 Songtext				144 AE: Virgin Schallpl.	
						146 Lucilectric "Heile Welt"					AE: Virgin Schallpl.	Interview
							147 Songtext				AE: Virgin Schallpl.	
						148 Das Modul "Ich hab geträumt" (Songtext)					AE: Virgin Schallpl.	Download: Sound-File
							149 Foto				AE: Virgin Schallpl.	
						150 The Kelly Family "When the last three..." (Songtext)					AE: Virgin Schallpl.	Download: Sound-File
					151 Die Idee						035,127 AE: Virgin Schallpl.	
						152 Interview mit Birgit Radow					127 AE: Virgin Schallpl.	
				153 [Broschüren für Kids im Netz] "Das isses..."							10 SI	
				154 [Broschüren für Kids im Netz] Info für Kinder: Wasser							7 SI	
				155 [Broschüren für Kids im Netz] Info für Kinder: Regenwald							6 SI	
				156 [Broschüren für Kids im Netz] Info für Kinder: Delphine							9 SI	
				157 [Broschüren für Kids im Netz] Greenteam Info								

Hierarchie/ lfd. Nr. 1. 2. 3. 4. 5. 6. 7. 8. 9. 10. Generation	Links	Bemerkungen
158 Klima: FCKW & Ozonschicht ("Wir heizen den Himmel auf...")	172, 176	
159 Kampagnen-Chronik 1994/95	163,164,165	Rubrikenschema
160 [Protokoll-Entwurf]		
161 Jahresrückblick der SmILE-Kampagne	Archiv: Homepage 13.8.96, 27.8.96, 18.10.96 Archiv: Klimaschutzpolitik im Verkehrsbereich	
162 [Mercedes-Benz] Foto		Bild von Besetzung Mercedes-Stern
163 Argumente Klima		langer Text
164 Argumente FCKW-Ausstieg		langer Text
165 Greenfreeze weltweit	159,163,164	
166 Luft: Verkehr & Sommersmog	015	Rubrikenschema
167 Ausgewählte Ergebnisse der Bus-Meßtour: Sommersmog: Kinder spielen sich um ihre Gesundheit		
168 Kurzstudie: Krank durch Ozonsmog		langer Text
169 Stellungnahme von Greenpeace zu einer Pressemitteilung des Bundesumweltministeriums		
170 Pressemitteilung BMU		
171 Hintergrund Verkehrs-Kampagne		
172 Zum Thema: Ohne Auto mobil		
173 Zum Thema: Ozon/ Sommer-Smog		
174 Sparmobile	176	Rubrikenschema
175 Studie: Das "Drei-Liter-Auto" - aktuelle Konzepte und der Stand der Realisierung		
176 SmILE-Konzept	171,173,177,178, 179,180 Archiv: Vesta-Story	Download Video: SmILE-Video
177 In Aktion: Megastadt im Megastau		
178 In Aktion: Verkehrswende Leipzig		
179 Studie: Luftkrebsgefahr in Städten		
180 Studie: Luftschadstoffmessungen		
181 Meere: Wale und Fischerei		Rubrikenschema
182 Spezial: Gammel-Fischerei		
183 Kampagnen-Rückblick 1996		
184 Ziele der Wale-Kampagne	186,187,188,189, 190,191	
185 Fragen und Antworten zur Wale-Kampagne	186,187	
186 Argumente Wale-Kampagne		langer Text
187 Zum Thema: Norwegischer Fischfang		
188 Hintergrund Fischerei	184,186,187,189, 190,191	
189 Argumente Fischerei	7 SI	
190 Zum Thema: Treibnetze		
191 Anktarktis	184,186,187,188,189,190	
192 Öl & Offshore	AI: Greenpeace international, entspr. Stelle: Brent Spar+Ogoni AE: Deutsche Shell + Brentspar-Server (shellexpo.brentspar.com)	Rubrikenschema
193 Brennpunkt Offshore	049,210,212	Rubrikenschema Download Audio: Kommentar des Campaigners an Bord des Schiffes

Hierarchie/ lfd. Nr.											Links	Bemerkungen
1.	2.	3.	4.	5.	6.	7.	8.	9.	10. Generation			
			194 Kampagnen-Report 1996								049,195,202,210, 211,213 PM 19.6.96, Archiv Greenpeace- Magazin 5/96	Rubrikenschema
				195 Chronologie Brent Spar								
				196 Chemismus des Rohöls								
				197 Bordtagebuch Arctic Sunrise							046,049	
					198 Aktuelle Bilder von der Offshore-Fahrt der Arctic Sunrise						049,206	
					199 Foto John Castle							
					200 Foto des dänischen Ölfeldes "Dan"							
				201 Route des Schiffes								
				202 Zu entsorgende Offshore-Anlagen in der Nordsee								Image Map
					203 North West Hutton Plattform							bis 209: jeweils Foto/Zeichnung/ techn. Daten
					204 Heather A Plattform							
					205 Odin Plattform							
					206 Maureen A Plattform							
					207 Ekofisk 2/4-C Plattform, Ekofisk 2/4-FTP Plattform, Ekofisk 2/4-H-Plattform							
					208 Ekofisk 2/4-P Plattform, Ekofisk 2/4-Q Plattform, Ekofisk 2/4-R Plattform							
					209 Booster Plattform 37/4-A, Booster Plattform 35/22-A, Ekofisk 2/4-W Plattform							
				210 Zur Sache: Öl- und Gasförderung bedroht die Nordsee								
				211 Kein Grund zum Versenken								Greenpeace-Studie
				212 Argumente zum Thema Öl								
				213 In Aktion: Brent Spar								
				214 Shell in der Türkei							PM 26.3.96	
				215 Situation im Niger-Delta							PM 8.11.96	Download Text: Langfassung
		216 Wälder									015	Rubrikenschema
			217 Papernews								219,220,221,226, 229,234,236,241, 243	Kritik an "Propaganda- Magazin"
			218 Ziele der Waldkampagne								219,220,221,226, 229,234,236,241, 243	
			219 Chronik der Waldkampagne								218,220,221,226, 229,234,236,241, 243	
			220 Argumente Wald								-	
			221 Naturnahe Waldnutzung									Rubrikenschema
				222 Zum Thema: Naturnahe Waldnutzung							223,224,225	
				223 Naturnahe Waldnutzung in Mitteleuropa							222,224,225	
				224 Fragen & Antworten							015,222,223,225	
				225 Stadtforst Lübeck							015,222,223,224	
			226 Kahlschlag in Kanada									
				227 Erfolge der Kampagne							228	
				228 Holz aus British Columbia							227	
			229 Tropenwald								155,220	Rubrikenschema
				230 Tropenholzboykott?							220,231,232,233	
				231 Plantagenwirtschaft?							220,230,233	
				232 Regenwaldkauf?							220,229,233	
				233 Regenwald-Organisationen							AE: Inst. F. angew. Ökologie u. angew. Ethnologie, Köln	

154

Hierarchie/ lfd. Nr.											Links	Bemerkungen
1.	2.	3.	4.	5.	6.	7.	8.	9.	10.	Generation		
			234 Zertifizierung									
			235 Zertifizierungs-Erklärung von Umweltgruppen									
			236 Recycling-Papier									Rubrikenschema
				237 Notwendigkeit Recycling							239,240	
				238 Kopierpapier							237,239,240	
				239 Papierwindeln							237,238,240	
				240 Glossar							237,238,239	20 Stichworte, kurze Erläuterungen, keine SI
			241 Chlorfreies Papier									
				242 Chronologie der Chlorfrei-Kampagne								
			243 Hanf									
		244 Wasser										Rubrikenschema
			245 Ziele der Wasser-Kampagne								246,247,248,252	
			246 Argumente Wasser									
			247 Zum Thema: Trinkwasser/ Pestizide									
			248 Diuron-Einsatz Bundesbahn								PM 2.2.96	Rubrikenschema
				249 Diuron bei der Bahn AG							250,251 PM 2.2.96	
				250 Hintergrund							249,251. PM 2.2.96	
				251 Weiterer Teilerfolg							249,250 PM 2.2.96	
			252 Mineralwasser-Recherche								245,246,247,248	ausführliche Studie
	253 Machen Sie mit!											Rubrikenschema
		254 Online-Aktionen									107	
			255 Bringen Sie Herrn Rexrodt ins Bild!									E-Mail-Formular mit vorformuliertem Text (veränderbar) zum Abschicken an Bundeswirschafts- ministerium
			256 Stoppt den norwegischen Walfang									E-Mail-Formular mit vorformuliertem Text (veränderbar) zum Abschicken an norwe- gische Botschaft
			257 Anzeigen zum Thema Gentechnik: Werfen Sie einen Blick darauf, wählen Sie Ihren Favoriten und gewinnen Sie								GP-Magazin 3/97	
				258 Die Entwürfe								
					259 [Entwurf 1]							bis 266: Plakat- entwürfe aus der Essener Folkwang- Schule. Thema: Eine Technik für Alpträume
					260 [Entwurf 2]							
					261 [Entwurf 3]							
					262 [Entwurf 4]							
					263 [Entwurf 5]							
					264 [Entwurf 6]							
					265 [Entwurf 7]							
					266 [Entwurf 8]							
				267 Mitmachen!								E-Mail-Formular: Bilder (259-266) ankreuzbar
			268 Schreiben Sie an Shell und das nigerianische Militärregieme								215	Brieftext als Anregung
			269 Aktionsbrief								215	Brieftext als Anregung
			270 Kein Gen-Soja in Lebensmitteln									E-Mail-Formular zwecks "Unter- schriftensammlung"
			271 Sparmobil-Kampagne									ankreuzbares E-Mail- Formular
			272 Setzen Sie ein Zeichen für den Wald								015	
				273 Aktionsbrief							015	Brieftext als Anregung

Hierarchie/ lfd. Nr. 1. 2. 3. 4. 5. 6. 7. 8. 9. 10. Generation	Links	Bemerkungen
274 Adressaten	015	Adressen aus der holzverarbeitenden Industrie
275 Greenpeace Gruppen	054,178	
276 Gruppen-Adressen	054,178,277	104 Adressen, z.T. mit E-Mail-Option
277 Karte mit Gruppen-Websites	17 AI: Greenpeace-Gruppen in Deutschland	Image Map
278 Greenteams	124,125,289	
279 Die Nordsee...und die Nahrungskette		Comic
280 Team 50 plus		Rubrikenschema
281 Keine Frage des Alters		
282 Fritz - Ein Senior unter den Aktionisten		
283 Mit BISS gegen Ozon	Homepage 15.10.96	
284 Greenpeace fördern	053	Rubrikenschema
285 Fördern online		E-Mail-Formular: Einzugsermächtigung
286 Fördermitglied werden		E-Mail-Formular: Anforderung von Informationspaket
287 Cafe Greenpeace		
288 Chat-Room		E-Mail-Formular, Reload-Option, Beiträge von Usern
289 Kids	auf allen nachge-ordneten Seiten Verweise auf 289 "Kids Home"	Musik erklingt beim Aufrufen der Seite, oberer Navigations-Frame illustriert mit Flaschenpost (bleibt auch bei Seiten-aufrufen außerhalb der Rubrik "Kids" erhal-ten), Comic-Naviga-tions-Buttons
290 Gesicht des Monats		
291 Wie Florian ein Team gründete		Lineare Folge, "Cliffhanger"
292 Auf der Jagt nach Greenteamern		
293 Greenteam Rüngsdorf in Aktion	361	
294 Greenteams		Plazierung von 299 ("Wolln wir auch") intuitiv in der Mitte
295 Was ist das?	299	Erklärung der "Greenteams"-Idee
296 Kontakt	054	
297 Mailbox		"Mein Brief an Greenpeace", "Hier kannst Du reintippen"; bei Aufrufen von anderen Seiten aus wird Titel ange-paßt
298 Mitarbeiter		E-Mail-Option
299 Wolln wir auch!		
300 Greenteam Info		E-Mail-Formular
301 Kontakt [2]		E-Mail-Formular
302 Tips und Tricks für Greenteams	301	
303 Drei Regeln für Umwelt-detektive	301	
304 Keine Angst vor hohen Tieren		
305 Was tun, damit man Euch zuhört?		
306 Wie kommt man in die Zeitung?		

Hierarchie/ lfd. Nr. 1. 2. 3. 4. 5. 6. 7. 8. 9. 10. Generation	Links	Bemerkungen
307 Aktion		Anmoderationsseite, am Ende klicken auf "Dampf machen"
308 Aktionspool		nachgeordnete Seiten durch Klick auf Bilder
309 Kids gegen Müllmonster		Navigation nur in eine Richtung
310 Die grünen Socken		
311 Die "Greenóshy;Zorns"		
312 Aktionen gegen dicke Luft und Benzinfresser		
313 Auto tschüss...		
314 Am Ende des Asphalts		
315 Rettet die Meere, schützt unser Trinkwasser		
316 Theater für die Ostsee		
317 Aktionen für saubere Energie - gegen Atommeiler		
318 Zukunftsideen		
319 Rettet den Regenwald		
320 Laßt die Wale leben		
321 Schluß mit Treibnetzen!		
322 Aktionen für Naturwälder		
323 Waldtiere scheißen auch nicht in ihr Haus		
324 Greenteam Highlights		
325 Kids malen gegen Castor		
326 Greenteam Geburtstag		
327 BISS - Kinder gegen Ozonsmog	278	
328 Greenteam Öko-Aktiv-Tour		
329 Tatort	279	
330 Unterhaltung		
331 Experimente		
332 Natur		animierte Fliegenpilze
333 Rettet die Ameisen		Ameisen bewegen Fühler
334 Der Trick mit dem Haus		animiertes Fragez.
335 Wasser		
336 Überleben in der Wüste		animiertes Fragez.
337 Luft		animierte Luftballons
338 Smog im Glas		animiertes Fragez.
339 Ein Ei explodiert		animiertes Fragez.
340 Energie		animierte Sonne
341 Sonnenofen		animiertes Fragez.
342 Geräusche Raten		User muß Geräusch erraten, das auf Knopfdruck ertönt, und kann gestützt Tip abgeben, 30 Mögl.
343 ["Falsch-Seite"]		Text: "Oh nein!!! Das war total falsch. Nimm doch die Stöpsel aus den Ohren und versuch es direkt noch einmal."
344 ["Richtig-Seite"]		Text: "Huraaa!!! Super gut. Das war so gut, den Rest schaffst Du bestimmt auch noch. Also noch mal?"
345 Tiere in Eurer Umgebung		2 Detail-Aufnahmen zum Raten

Hierarchie/ lfd. Nr. 1. 2. 3. 4. 5. 6. 7. 8. 9. 10. Generation	Links	Bemerkungen
346 [Bei Detail-Aufruf 1] Hallo, ich bin Hopf der Frosch		Frosch springt
347 Unsere Entwicklung		Frosch
348 Die Paarung		Download: Froschgeräusche
349 [Bei Detail-Aufruf 2] Hallo, ich bin Karl, ne braune Erdkröte	347	animierte Rot-Grün-Kelle der Symbolfigur
350 Die unendliche Geschichte	2 SI 297	Geschichte zum Weiterschreiben
351 Hubschrauberspiel		Nutzer muß Greenpeace-Aktivisten per Cursor-gesteuertem Hubschrauber befreien
352 Malen nach Zahlen		Nutzer muß numerierte Punkte zu Bild verbinden (Wal)
353 Bau- und Bastelanleitungen	297 AE: Grundschule Ohkamp (Hamburg)	Aufruf zu Bastelanleitung
354 Wie man Papier macht	AE: Grundschule Ohkamp (Hamburg)	
355 Comic: Freds Abenteuer (Teil 1)		bis 358: Bildergeschichte über den Pinguin Fred (lineare Folge mit jew. zurück-Option)
356 Freds Abenteuer (Teil 2)		
357 Freds Abenteuer (Teil 3)		
358 Freds Abenteuer (Teil 4)		
359 Infos zum Vertiefen	154,155,156,329	
360 Diese Woche		auch Bilder führen zu nachgeordneten Seiten, Text z.T. farbig
361 Sommersmog: Greenpeace tourt für ein neues Ozongesetz durchs Land		
362 Was ist verkehrt am Ozongesetz?		
363 Greenpeace-Aktion in Kanada: "Schützt den Regenwald der Bären"		
364 Foto: Der weiße Kermode-Bär		
365 Aktionsschiff Sirius erreicht Malta		
366 Mallorca: Greenpeace stoppt Kohlefrachter		
367 "Diese Woche" Archiv	20 Archiv-Links	
368 Treffpunkt	297	
369 Hot Links für Kids	13 AE: - Kids-Suchmaschine - Schulweb - Schul-Homepages - Jugend forscht Online - Käpt´n Blaubär - "Jetzt" (Jugendmagazin der SZ) - Schüler helfen Leben e.V. - Monster-Download-Archiv - Jugend-Info - "KRÄCHTZÄ" - Jugend im Netz - "Internet-Kindergarten" - Kinder-Kochbuch	
370 Pinnwand [1]		Anmoderation

Hierarchie/ lfd. Nr. 1. 2. 3. 4. 5. 6. 7. 8. 9. 10. Generation	Links	Bemerkungen
371 Pinnwand [2]		Chat-Forum mit E-Mail-Formular und Reload-Option
372 Wußtest Du schon?		
373 Luft		
374 Wasser		Bilder anklickbar für Vollansicht
375 Natur		Bilder anklickbar für Vollansicht
376 Mensch		Bilder anklickbar für Vollansicht
377 Impressum (Kids)		3 E-Mail-Optionen
378 [Namen]	461	Namen der Studentinnen und Studenten, die die "Kids"-Rubrik grafisch gestaltet haben
379 Service Online		Rubrikenschema
380 Presseerklärungen		
381 Presseerklärungs-Archiv Hinweis: Die einzelnen Pressemitteilungen werden in dieser Analyse nicht als eigene Seiten geführt.	418	Suchen nach Themen[3], Jahren (1994-97) und Monaten. Der Suchabfrage folgt eine Übersicht mit Kurzbeschreibung der Pressemeldungen und Link-Option
382 Publikationen	448,449	
383 Online-Publikationen von Greenpeace (thematisch)	14 SI 053,054,066,067, 068,077,079,080, 081,095,096,100, 101,106,125,153, 154,155,156,163, 164,167,173,177, 178,179,182,186, 187,189,190,212, 213,220,222,246, 247,281,329,449 Archiv: - Jahresrückbl. 1994 - Jahresrückbl.k 1995	
384 Online-Publikationen von Greenpeace (nach Rubriken/Formaten)	7 SI 053,054,066,067, 068,077,079,080, 081,095,096,100, 101,106,125,153, 154,155,156,163, 164,167,173,177, 178,179,182,186, 187,189,190,212, 213,220,222,246, 247,281,329,449 Archiv: - Jahresrückbl. 1994 - Jahresrückbl. 1995	

---

[3] "Alle Themen", "Greenpeace: Fakten, Zahlen, Personen", "Anktarktis", "Abrüstung/ Atomwaffen/ Nuclear Free Seas", "Atomenergie/AKW/ Atomtransporte", "Chemie/ Chlorchemie/ PVC/ Chemieunfälle", "Energie/ fossile E./ regenerative E.", "Fischerei/ Meere", "Gentechnik", "Giftmüll", "Kids/ Teens/ Greenteams", "Klima/ Ozonschicht/ FCKW", "Luft/ Verkehr/ Sommersmog", "Öl/ Offshore/ Tankerunfälle", "Ökosteuer"/ "Papier/ Verlage", "Wald/ Regenwald/ Holzhandel", "Wale/ Walfang/ Robben", "Wasser/ Flüsse/ Trinkwasser".

Hierarchie/ lfd. Nr. 1. 2. 3. 4. 5. 6. 7. 8. 9. 10. Generation	Links	Bemerkungen
385 Greenpeace-Nachrichten	255 direkte Links auf jew. Artikel	
386 Ausgabe 1/96	23 SI +Links dort	
387 Ausgabe 4/95		
388 Ausgabe 3/95	29 SI +Links dort	
389 Ausgabe 2/95	35 SI +Links dort	
390 Ausgabe 1/95	33 SI +Links dort	
391 Ausgabe 4/94	36 SI +Links dort	
392 Ausgabe 3/94	34 SI +Links dort	
393 Ausgabe 2/94	32 SI +Links dort	
394 Ausgabe 1/94	33 SI +Links dort	
395 Photo		
396 Die Jahre 1971-75	397,398,399,400, 401,402,403,404, 405,406,407,408	anklickbare Bilder für Vollansicht
397 Die Jahre 1976-80	396,398,399,400, 401,402,403,404, 405,406,407,408	anklickbare Bilder für Vollansicht
398 1986	396,397,399,400, 401,402,403,404, 405,406,407,408	anklickbare Bilder für Vollansicht
399 1987	396,397,398,400, 401,402,403,404, 405,406,407,408	anklickbare Bilder für Vollansicht
400 1988	396,397,398,399, 401,402,403,404, 405,406,407,408	anklickbare Bilder für Vollansicht
401 1989	396,397,398,399, 400,402,403,404, 405,406,407,408	anklickbare Bilder für Vollansicht
402 1990	396,397,398,399, 400,401,403,404, 405,406,407,408	anklickbare Bilder für Vollansicht
403 1991	396,397,398,399, 400,401,402,404, 405,406,407,408	anklickbare Bilder für Vollansicht
404 1992	396,397,398,399, 400,401,402,403, 405,406,407,408	anklickbare Bilder für Vollansicht
405 1993	396,397,398,399, 400,401,402,403, 404,406,407,408	anklickbare Bilder für Vollansicht
406 1994	396,397,398,399, 400,401,402,403, 404,405,407,408	anklickbare Bilder für Vollansicht
407 1995	396,397,398,399, 400,401,402,403, 404,405,406,408	anklickbare Bilder für Vollansicht
408 1996	396,397,398,399, 400,401,402,403, 404,405,406,407	anklickbare Bilder für Vollansicht
409 Video		27 Downloads[4]
410 Audio		Download: Widerstand im Einzelhandel
411 Infoline-Redaktion		

---

[4] Soja (Werbespot), Robbenbabys, Hafenblockade, Atommüllverklapper, Rhein-Sperrung, Atom auf See (1), Hoechst/ Ozonschicht, Atom auf See (2), Delphin-Befreiung, "Spiegel"-Plagiat, Brandenburger Tor, Chemieabwässer-Blockade, Papierfabrik-Blockade, Stopp VAA Sellafield, Pop gegen Plutoium, PVC, Kinder fordern Schutz der Wale, Klettern am Atomreaktor Mülheim-Kärlich, Moorsleben-Blockade, Giftmüll Albanien, Wale in der Nordsee, Besetzung Walfänger, Protest bei Bayer und Hoechst, Blockade Sellafield, Besetzung Brent Spar, SmILE-Präsentation, 10 Jahre nach Tschernobyl (Werbespot).

Hierarchie/ lfd. Nr. 1. 2. 3. 4. 5. 6. 7. 8. 9. 10. Generation	Links	Bemerkungen
412 Dateien August 1996	411	7 Downloads[5]
413 Dateien Juli 1996	411	11 Downloads[6]
414 Dateien Juni 1996	411	18 Downloads[7]
415 Dateien Mai 1996	411	8 Downloads[8]
416 Dateien April 1996	411	12 Downloads[9]
417 Suchmaschine	380	
418 Datenbank-Suche	jeweils direkte Links	Suche nach Themen, Zeiträumen und Kategorien[10]
419 A-Z-Liste: A		bis 444: Einschränkung des Zeitraums möglich
420 A-Z-Liste: B		
421 A-Z-Liste: C		
422 A-Z-Liste: D		
423 A-Z-Liste: E		
424 A-Z-Liste: F		
425 A-Z-Liste: G		
426 A-Z-Liste: H		
427 A-Z-Liste: I		
428 A-Z-Liste: J		
429 A-Z-Liste: K		
430 A-Z-Liste: L		
431 A-Z-Liste: M		
432 A-Z-Liste: N		
433 A-Z-Liste: O		
434 A-Z-Liste: P		
435 A-Z-Liste: Q		
436 A-Z-Liste: R		
437 A-Z-Liste: S		
438 A-Z-Liste: T		
439 A-Z-Liste: U		
440 A-Z-Liste: V		
441 A-Z-Liste: W		
442 A-Z-Liste: X		
443 A-Z-Liste: Y		
444 A-Z-Liste: Z		
445 Volltext-Suche		Zahl der Ergebnisse anzugeben

[5] Kommentar VW-Passat, Raubbau Urwald, SmILE-Präsentation, SmILE-Ausblick, Wald-Zertifikat, Atomteststopp-Demonstration, Ozon-Aktionstag.
[6] Protestfahrt Gammelfischerei, Brasilien/Regenwaldpoolitik, Greenpeace Aufruf Luftbelastung, Dioxin-Werte ihn Brandenburg, Aktion gegen Edmund Stoiber, Aktion gegen Erwin Teufel, Ozon und Kinder, Maschen im Gammeölfischernetz, Autoabgase, Annkunft "Arctic Sunrise", Umfrage Benzinverbrauch.
[7] Frühstück beim Bundespräsidenten, Angriff auf "Sirius" (1), Ozonwerte, Öl an der Nordsee, Angriff auf "Sirius" (2), Ölplattformen-Versenkungsverbot, Ölteppich, Entsorgungs-Tagung in Oslo, Konferenz von Lübeck (1), Ausweisung der "MV Greenpeace", Kponferenz von Lübeck (2), EU-Fischerei-Ministerien, Atomversuch Wüste Lop Nor, Besetzung der Siegessäule, "MV Greenpeace" vor Shanghai, neues Greenpeace-Schiff, Fisch-Tagung in Bremen, Vinylchlorid-Unfall.
[8] Blockadepolitik der BEWAG, Heringsbestände in der Nordsee, Sommersmog, Sommersmog-Gesetz, Gammelfischer, Castor-Transport, Atommülltransport (Le Hague), Ozonsmog und Kinder.
[9] Greenpeace umgezogen, Klimakiller, Ozonwerte, 10 Jahre Tschernobyl, Feuer am Düsseldorfer Flughafen, Informationspolitik der PVC-Industrie, Grundwasservergiftung (Diuron), Atommülltransport (Le Hague), Ozonwerte, Studie über Kernkraftwerke, Greenpeace-Angebt in T-Online, Atomkraftwerk Würgassen.
[10] Themen: siehe Presseerklärungen; Kategorien: "Alle Kategorien", "Homepages (ab 1.5.96)", "Brennpunkt: Online-Magazine", "Online-Aktionen", "Online-Redaktion Aktuell (ab 1.5.96)", "Presseerklärungen", "Studien", "Studienkurzfassungen", "Zusammenstellungen", "Hintergrundtexte", "Kampagnenübersichten", "Chroniken", "Greenpeace-Nachrichten", "Broschüren: Greenpeace allgemein", "Broschüren: Argumente", "Broschüren: In Aktion", "Broschüren: Zuim Thema", "Broschüren: Zur Sache", "Sonderpublikationen", "Für Kinder", "Fotos", "Karten", "Audio-Files", "Video-Files".

Hierarchie/ lfd. Nr. 1. 2. 3. 4. 5. 6. 7. 8. 9. 10. Generation	Links	Bemerkungen
446 Homepage-Suche		nach Themen (s.o. 381), Jahren 1996-97 und Monaten
447 Info-Versand		
448 Versandliste	055,056	
449 Direkt bestellen(1)	448	
450 Direkt bestellen(2)		E-Mail-Formular
451 Förderer-Betreuung		Rubrikenschema
452 Adressenänderung		E-Mail-Formular
453 Kontenänderung		E-Mail-Formular
454 Veränderung Spendenbeitrag		E-Mail-Formular
455 Spendenbescheinigung		E-Mail-Formular
456 Kündigung		E-Mail-Formular
457 Sonstiges		E-Mail-Formular
458 Umwelt-Links	12 AI: Greenpeace-Server - Australien - Österreich - Belgien - International - Irland - Italien - Norwegen - Schweden - Schweiz - Spanien - United Kingdom - USA	
459 Technische Hilfe	AE: Netscape	
460 Weltweit	18 AI: Greenpeace-Server - Argentinien - Australien - Österreich - Belgien - Kanada - Griechenland - International - Irland - Italien - Japan - Mittelmeerraum - Niederlande - Norwegen - Spanien - Schweden - Schweiz - United Kingdom - USA	
461 Mail/ Impressum		animierte Weltkugel, 3 E-Mail-Optionen
462 Übersicht	001,002,003,033, 034,062,092,094, 115,124,158,166, 181,192,216,244, 253,254,275,278, 280,284,287,289, 379,380,382,385, 395,409,410,417, 418,446,447,451, 458,459,461 AI: GP International	Navigtion durch Anklicken von Rubriken
463 Spenden: Fördern Sie Greenpeace!	053	
464 einmalige Einzugsermächtigung		E-Mail-Formular

Institut für Angewandte Medienforschung

UNIVERSITÄT LÜNEBURG

IfAM-ARBEITSBERICHTE

1. Werner Faulstich und Andreas Vogel (Hrsg.):
   Sex und Gewalt im Spielfilm der 70er und 80er Jahre
   1. Lüneburger Kolloquium zur Medienwissenschaft (1991)
   ISBN 3-89153-015-3 (vergriffen)

2. Carola Herzogenrath
   **Hans-Joachim Kulenkampff im deutschen Fernsehen:
   charakteristische Formen der Moderation**
   Fernsehstars 1 (1991)
   ISBN 3-89153-016-1

3. Projektgruppe Buch (Hrsg.):
   Instanzen des Buchmarktes in Lüneburg
   Lokalmedien empirisch 1 (1991)
   ISBN 3-89153-017-X

4. Kirsten Villwock:
   Schimanski - in der Fernsehserie, im Kinofilm, im Roman
   Fernsehstars 2 (1991)
   ISBN 3-89153-018-8

5. Jutta Lieb:
   **Bibliographischer Überblick über Themenbereiche der
   Öffentlichkeitsarbeit**
   (1991)
   ISBN 3-89153-019-6

6. Werner Faulstich:
   Grundwissen Öffentlichkeitsarbeit
   Kritische Einführung in Problemfelder der
   Public Relations (1992)
   ISBN 3-89153-021-8

7. Werner Faulstich (Hrsg.):
   Image - Imageanalyse - Imagegestaltung
   2. Lüneburger Kolloquium zur Medienwissenschaft (1992)
   ISBN 3-89153-022-6 (vergriffen)

8. Werner Faulstich und Corinna Rückert:
   **Mediengeschichte in tabellarischem Rückblick
   von den Anfängen bis heute**
   Teil I und Teil II (1993)
   ISBN 3-89153-023-4

9. Susanne Schult:
   Frank Elstners "Nase vorn"
   Fernsehstars 3 (1993)
   ISBN 3-89153-24-0

10. Ricarda Strobel (Hrsg.):
    Film- und Kinokultur in Lüneburg
    Lokalmedien empirisch 2 (1993)
    ISBN 3-89153-025-0

11. Werner Faulstich (Hrsg.):
    Konzepte von Öffentlichkeit
    3. Lüneburger Kolloquium zur Medienwissenschaft (1993)
    ISBN 3-89153-026-9

12. Werner Faulstich und Gerhard Schäffner (Hrsg.):
    Die Rockmusik der 80er Jahre
    4. Lüneburger Kolloquium zur Mediengeschichte (1994)
    ISBN 3-89153-027-7

13. Werner Faulstich:
    Die Kultur der Pornografie:
    Kleine Einführung in Geschichte, Medien, Ästhetik, Markt
    und Bedeutung (1994)
    ISBN 3-89153-028-5

14. Carsten Winter:
    Predigen unter freiem Himmel
    Die medienkulturellen Funktionen der Bettelmönche und ihr
    geschichtlicher Hintergrund (1996)
    ISBN 3-89153-029-3

15. Britta-Karolin Öhding:
    Thriller der 90er Jahre
    Struktur, Spannung und Bedeutung (1998)
    ISBN 3-89153-030-7

16. Sebastian Vesper:
    Das Internet als Medium
    Auftrittsanalysen und neue Nutzungsoptionen (1998)
    ISBN 3-89153-031-5